416

Merve Verlag

Julia Voss

Hinter weißen Wänden

Behind the White Cube

Mit Zeichnungen von Philipp Deines

Merve Verlag Berlin

Originalausgabe

Redaktorat: Tom Lamberty, Jonas Münch

Printed in Germany
Druck- und Bindearbeiten: Dressler, Berlin
Umschlagentwurf: Markus Weisbeck,
nach einem Entwurf von Jochen Stankowski, Dresden
ISBN 978-3-88396-360-0
www.merve.de

Inhalt

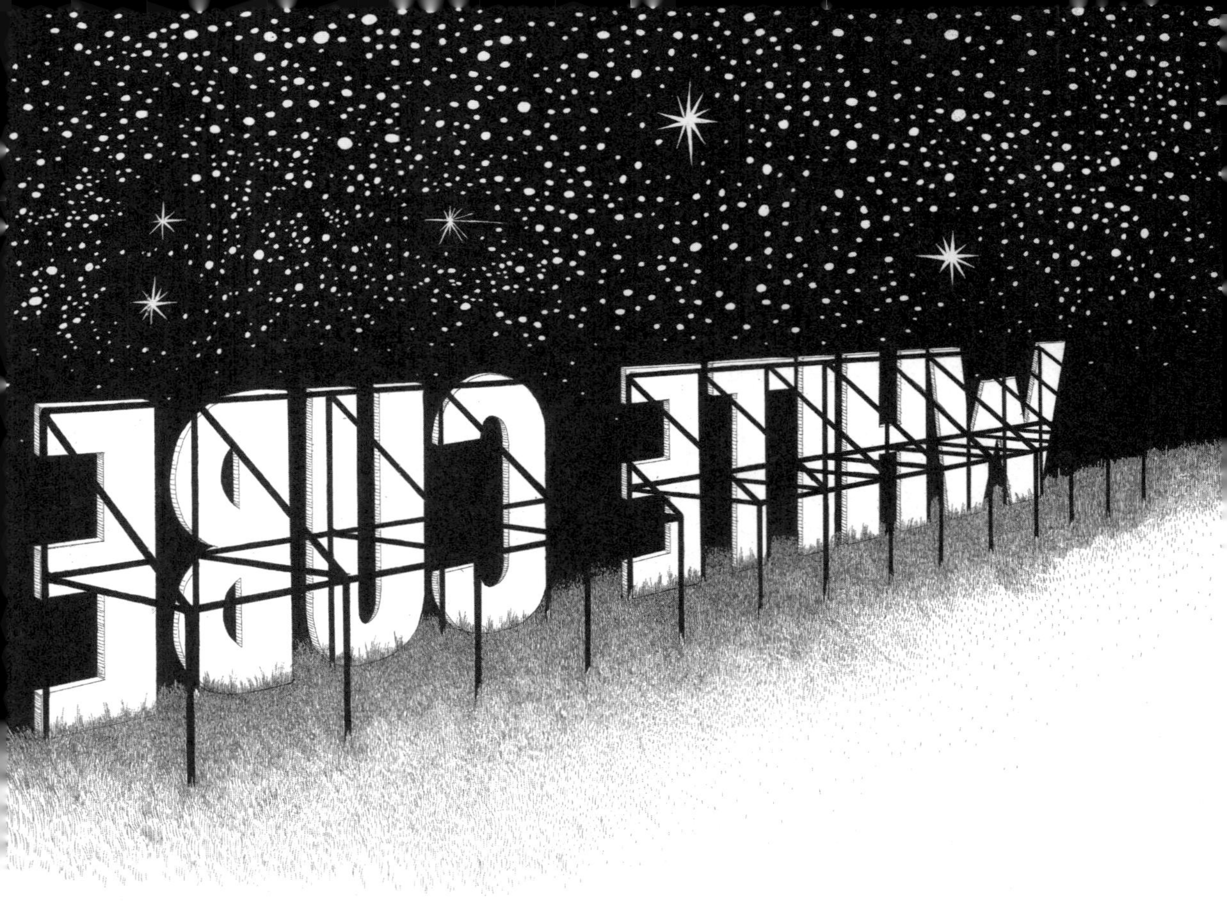

Einleitung

Wer das Geschehen im Kunstbetrieb, in den Museen, Ausstellungshallen, Galerien oder Auktionshäusern auch nur oberflächlich verfolgt, wird um den Eindruck nicht umhin kommen, dass sich etwas verändert. Die Auktionshäuser melden Rekordpreise. Rekorde verbuchen, was die Besucherzahlen anbetrifft, viele Museen und Großausstellungen wie die Biennale in Venedig oder die documenta in Kassel. Das Rad der Wechselausstellungen in den öffentlichen Häusern scheint sich immer schneller zu drehen, während gleichzeitig Gelder eingespart werden müssen. In regelmäßigen Abständen gibt es Skandale, wenn etwa ein Sammler Dauerleihgaben aus einem Museum abzieht und verkauft, wenn eine Fälschung auftaucht, oder wenn sich herausstellt, dass es sich bei einem Werk um NS-Raubkunst handelt. Zu diesem Tosen und Rauschen des Kunstbetriebs steht die Stille, die einen umgibt, wenn man vor ein Kunstwerk in einem Ausstellungsraum tritt, um es zu betrachten, in einem merkwürdigen Kontrast. Man sieht nichts als ein Gemälde, eine Skulptur, ein Video oder eine Installation, den Rahmen, vielleicht einen Sockel und an der Wand ein kleines Schild mit Angaben zum Werk. Was hat dieses Objekt mit dem Lärmen der Kunstwelt draußen zu tun? Was spielt sich hinter dem weißen Ausstellungsraum, dem White Cube, ab?

Was hinter den weißen Wänden passiert, wer Kunstgeschichte schreibt, wer hinausfällt, welche Rolle dabei dem Museum, dem Markt, den Sammlern, Kunsthistorikern, Kuratoren oder Kritikern zukommt, wollen wir auf den folgenden Seiten beschreiben und darstellen – in Texten und Bildern. Neben Abbildungen, die nicht von uns stammen, zeigen wir Zeichnungen, die für dieses Buch gemacht worden sind. Manche Phänomene können Bilder anders oder sogar besser erklären. Als wir anfingen, uns über den Kunstbetrieb systematisch Gedanken zu machen, fiel uns auf, dass wir in den Gesprächen häufig auf Bilder und Metaphern zurückgriffen.

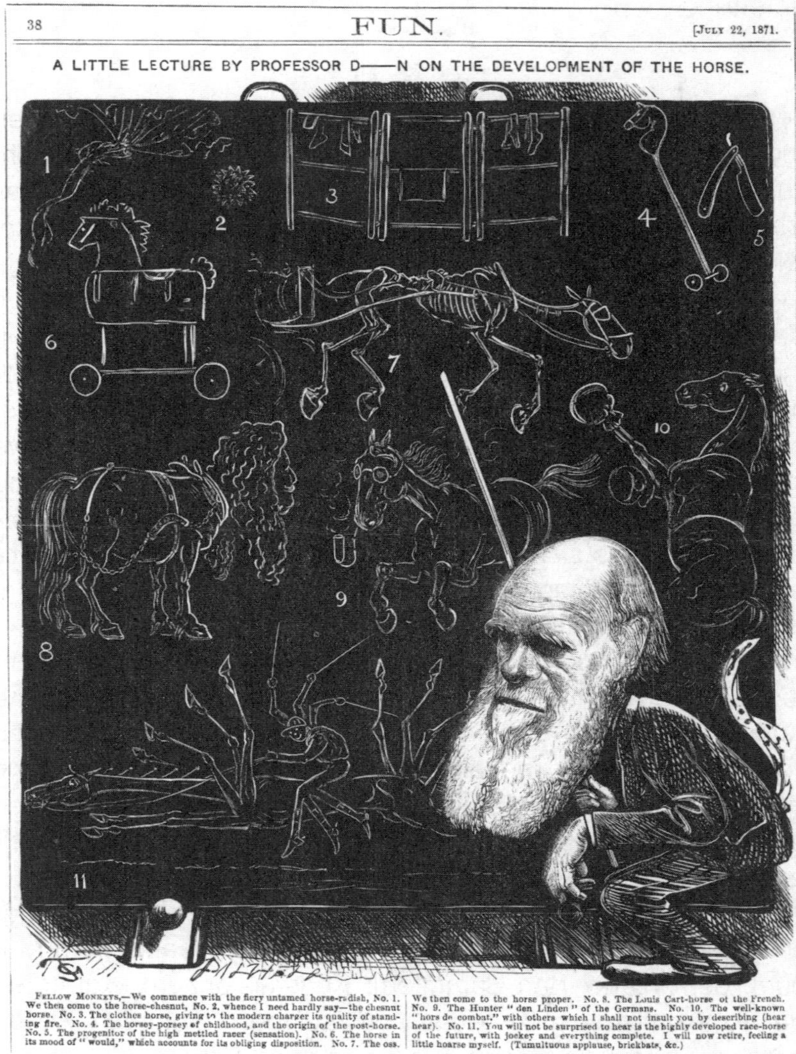

Charles Darwin in einer Karikatur aus dem Jahr 1871

Was Abbildungen leisten, war mir bewusst geworden, als ich vor einigen Jahren über den englischen Naturforscher Charles Darwin forschte und schrieb, der in seinen Manuskripten und Veröffentlichungen gezielt Illustrationen einsetzte.[1] Darwin erläuterte die Evolutionstheorie nicht nur in Worten, er zeigte sie den Lesern auch in Bildern; einige seiner Bücher enthalten mehrere Dutzend davon. Diese Abbildungen wurden von der Presse und den Karikaturisten schnell aufgegriffen und in Satirezeitschriften wie etwa dem einflussreichen Wochenmagazin *Punch* persifliert. Es mag überraschen, aber Darwin schätzte diese geistreichen Verballhornungen. Mit einigen Zeichnern hatte er sogar persönlichen Kontakt. Vermutlich war er in dieser Hinsicht einfach sehr englisch. Sein Sinn für Humor ließ ihn noch dazu ahnen – und er sollte recht behalten – dass es einer Theorie nur helfen kann, wenn sie auch die Fähigkeit besitzt zu unterhalten und Menschen zum Lachen zu bringen. Die Tradition dieser naturwissenschaftlichen Buchillustrationen des 19. Jahrhunderts und die Karikaturen, die ihnen nachfolgten, waren für uns Anreiz und Vorbild.

Wenn man, wie ich, als Redakteurin und Kritikerin bei einer Tageszeitung arbeitet, lernt man den Kunstbetrieb auf eine besondere Weise kennen. Die Mehrzahl von uns Kunstredakteuren hat Kunstgeschichte studiert, viele haben promoviert. Das Studium kann einen jedoch nur bedingt auf das vorbereiten, was die tägliche journalistische Arbeit ausmacht. Das fängt mit der Art und Weise an, wie bei uns Informationen eingehen. An der Universität haben wir gelernt, Themen und Fragestellungen anhand von Büchern, Katalogen und Aufsätzen zu recherchieren, in Bibliotheken und Datenbanken. Wir sind in Archive gefahren, haben Museen besucht und ihre Sammlungen durchforstet. All das wird man auch als Journalist weiter tun, wenn auch in weitaus geringerem Umfang, da mehr Themen in kürzerer Zeit bearbeitet werden müssen. Fast jeder Journalist, den ich kenne, bedauert diesen Zeitmangel.

Unsere Arbeit hat andere Schwerpunkte. Bevor ich im Jahr 2007 von der *Frankfurter Allgemeinen Zeitung* fest angestellt wurde, habe ich mich, als Studentin und Doktorandin, überwiegend mit anderen Akademikern ausgetauscht. Seitdem ich Journalistin bin, spreche ich mit vielen verschiedenen Akteuren des Kunstbetriebs: Künstlern, Sammlern, Mäzenen, Stiftungen, Sponsoren, Galeristen, Kuratoren, Direktoren, mit Zeitungslesern, freien Mitarbeitern oder Kollegen in anderen Redaktionen, mit der Pressestelle oder – seit einiger Zeit – mit den PR-Unternehmen, die Museen vertreten. Die Menge der Kunstveranstaltungen, die per Mail, Post oder Telefon in einer Zeitungsredaktion angekündigt und beworben wird, kann einen manchmal zur Verzweiflung bringen. Es gibt Tage, an denen pausenlos das Telefon klingelt, während das Email-Programm im Stundenabstand meldet: »Ihr Postfach ist voll.« Allein in Deutschland gibt es rund 6.500 Museen. Sie veranstalten jährlich etwa 10.000 Sonderausstellungen. Statistisch gesehen öffnen und schließen täglich dreißig Ausstellungen. Längst nicht alle davon sind Kunstausstellungen, ihre Zahl nimmt allerdings zu.[2]

Die meisten Museen, Ausstellungshäuser, Vereine, Galerien, Projekträume, Messen oder Biennalen verschicken Pressemitteilungen, in denen sie ihre Vorhaben ankündigen. Mit diesen kommen Kunsthistoriker fast nie in Berührung. Zu Beginn meiner Tätigkeit habe ich diese Texte häufig verflucht, weil es mir wie Zeitverschwendung vorkam, so viele davon lesen zu müssen. Inzwischen habe ich Pressemitteilungen zu schätzen gelernt. Sie sind, das ist klar, Werbetexte. In ihnen versucht der Absender, sich von der besten Seite darzustellen. Je häufiger man sie jedoch liest, desto mehr prägt sich der Sinn dafür aus, welche Ängste, Sorgen und Abhängigkeiten sich hinter den Versprechen verbergen. Was betont, was ausgelassen wird, wer prominent genannt oder eher beiläufig erwähnt wird.

Ein anderer Vorteil, täglich hunderte Pressemitteilungen, Newsletter und Nachrichten über die Agenturen zu erhalten, ist ebenfalls nicht zu unterschätzen: die Übersicht. Als Journalisten haben wir die Pflicht, uns flächendeckend zu informieren. Viele Informationen kommen automatisch zu uns, nach anderen suchen wir täglich im Internet, in anderen Medien, in Gesprächen, Zeitungsarchiven, Büchern oder Katalogen. Da wir immer gleichzeitig mehrere Ereignisse im Auge behalten müssen, fallen uns schneller Muster auf: Dass zum Beispiel einige Werke ständig gezeigt werden, fast bis zum Überdruss, und andere fast nie zu sehen sind. Und natürlich wirft es die Frage auf, was die Gründe dafür sein könnten.

Als Journalist genießt man das Privileg, die Beteiligten des Kunstbetriebs nicht nur zu treffen, sondern auch gezielt befragen zu können. Wenn uns etwas auffällt, im Guten wie im Schlechten, greifen wir zum Telefon oder schreiben eine Mail. Nicht immer sind die Antworten auf unsere Fragen befriedigend. Dann müssen wir nachbohren und der spannendste Teil der Arbeit beginnt: die Recherche.

Eine letzte Besonderheit des Journalisten- und Kritikerdaseins sei auch noch benannt. Üblicherweise, jedenfalls bei den großen Tageszeitungen und den Kollegen, die ich kenne, schreibt den Kunstredakteuren niemand vor, worüber sie berichten sollen. Die Chefredakteure oder Herausgeber verlassen sich auf das Urteil ihrer Experten im Haus. Trotzdem können wir unsere Themen häufig nicht frei wählen. Was wichtig ist, und was nicht, bestimmen wir nur zum Teil. Es wäre zum Beispiel publizistischer Selbstmord, die documenta zu übergehen, den Fälschungsskandal um Beltracchi, den Tod von Maria Lassnig oder eine große Ausstellung von Ai Weiwei in Berlin. Häufig verbringen wir deshalb unsere Tage damit, Themen abzudecken, über die berichtet werden muss. Manchmal treffen sich diese mit unseren Vorlieben, manchmal ist es lästig. Zähneknirschend steht man dann morgens an einem Bahnhof, um pünktlich bei einer Veranstaltung einzutreffen, die man lieber verschlafen hätte. Es hat allerdings auch sein Gutes, nicht nur den eigenen Interessen nachgehen zu dürfen, sondern sich mit Künstlern auseinandersetzen zu müssen, deren Werk man nicht schätzt. Mich überrascht immer wieder, wie viel ich in solchen Fällen lernen kann. Je mehr Biographien und Karrieren verfolgt werden müssen, desto ausgeprägter wird das Gefühl dafür, dass sie gemacht werden, dass Hebel dafür in Bewegung gesetzt werden, dass Kunst erfolgreich sein kann oder scheitert. Der Kunstbetrieb, das muss betont werden, ist in vielerlei Hinsicht einzigartig. Besonders ist vor allem die Zusammenarbeit von öffentlichen und privaten Einrichtungen und die unterschiedlichen Interessen, die sich daran knüpfen. Zieht man etwa den Literaturbetrieb zum Vergleich heran, wird man feststellen, dass hier nur wenige öffentliche Einrichtungen involviert sind und dass diese – ob Literaturhäuser oder -museen – keinen entscheidenden Einfluss auf den Erfolg oder Misserfolg eines Romans ausüben. Ein weiterer Unterschied kommt hinzu. Im Zentrum des Literaturbetriebs steht ein relativ demokratisches Produkt, das Buch, das von vielen für einen moderaten Preis erworben werden kann. Die meisten Kunstwerke dagegen sind Originale oder Multiples in niedrigen Auflagen, deren Wertsteigerung in einigen Fällen – wie Stefan Koldehoff und Tobias Timm schreiben – nur mit der Gewinnspanne verglichen werden kann, die der Drogenhandel oder das Geschäft mit der Prostitution erzielen.[3] Darin besteht meiner Ansicht nach eine Herausforderung für die Kunstkritik. Wir müssen nicht nur über Kunst berichten und diese bewerten, sondern auch über die Hintergründe aufklären.

Nun war bereits von der Übersicht die Rede, die unser Beruf mit sich bringt, aber noch nicht davon, dass wir, die Redakteure, Journalisten und Kritiker, Teil des Betriebs sind. Wir schauen nicht nur von oben drauf, sondern sitzen mittendrin. Mal spielen wir eine gute Rolle, mal eine weniger gute, manchmal sogar eine schlechte. Einige glauben, dass wir gar keine Rolle spielen. »Kunstkritik«, schreibt der Kunsthistoriker James Elkins, werde »massenhaft produziert und massenhaft ignoriert.«[4]

Als ich vor einigen Jahren eine Frankfurter Ausstellung des in New York lebenden Künstlers Terence Koh verrissen habe, ratterte bei uns kurz nach Erscheinen des Artikels das Faxgerät in der Redaktion. Sir Norman Rosenthal, Kunsthistoriker, Kurator, Berater und bis 2008 Ausstellungsdirektor der Royal Academy of Arts, hatte geschrieben, um den Künstler zu verteidigen. Sein Lob für Terence Koh verband Rosenthal mit einer Einschätzung dazu, welche Bedeutung die Kunstkritik habe. In dem Leserbrief, der in der *Frankfurter Allgemeinen Zeitung* veröffentlicht wurde, schrieb er: »In hundert Jahren kann man sie [die Kritik. J.V.] dann wunderbar in Büchern und Dissertationen über die Torheiten der heutigen Gegenwart und der künftigen Vergangenheit zitieren.«[5]

Bis heute bin ich beeindruckt davon, wie es Rosenthal gelingt, etwas ziemlich Vernichtendes auf so höfliche Weise zu formulieren. Eigentlich teilte er uns nichts Anderes mit, als seine Überzeugung, dass Kunstkritiker häufig Fehlurteilen aufsäßen, und dass diese zu nicht viel mehr taugten, als späteren Generationen die Blindheit der historischen Zeitgenossen vorzuführen. Fast wie einen Trostpreis stellt er in Aussicht, diese Fehlurteile könnten hundert Jahre später noch in Dissertationen bearbeitet werden, was mir eher wie Schmeichelei vorkommt. Angesichts der Massen von Kritiken, die geschrieben werden, halte ich es für ziemlich unwahrscheinlich, dass man sich in hundert Jahren an einzelne Texte und Autoren erinnern wird. Wahrscheinlich ist ihnen nicht einmal das Nachleben in einer Fußnote vergönnt.[6]

Der Vorwurf allerdings, dass die Kunstkritik die große Kunst verkenne, begleitet unser Metier seit den Anfängen. Der Kunstkritiker und Schriftsteller Théodore Duret schrieb 1870: »Gestern machte man sich über Courbet noch lustig, heute überbieten sich die Leute darin, ihn zu preisen.«[7] Der amerikanische Maler James Abbott McNeil Whistler argumentierte 1878 in einem berühmt gewordenen Streit mit dem Künstler, Kunsthistoriker und Kritiker John Ruskin, die Kunstkritik würde sogar das Genie von Diego Velázquez verkennen.[8] Ruskin hatte zuvor eine vernichtende Kritik zu Whistlers Gemälde »Nocturne in Schwarz und Gold: Die fallende Rakete« verfasst. Die Auseinandersetzung mündete in eine Schadensersatzklage, Whistler gewann den Prozess. Er schlug daraufhin vor, die Kunstkritik, die seiner Ansicht nach versagt hatte, abzuschaffen, da »das Kunstwerk schweigend aufgenommen werden [möge], wie in den Tagen, welche die Schriftsteller als die Ära bezeichnen, in der die Kunst auf ihrer reinsten Höhe stand«.[9]

Die Auseinandersetzung zwischen Ruskin und Whistler ist einerseits natürlich ein Ausnahmefall, da beide weit mehr und Bedeutenderes geleistet haben, als in dem Streit zur Sprache kam. Jeder für sich schrieb Kunstgeschichte. Andererseits bin ich überzeugt, dass auch die Kritiker, deren Namen und Texte wir vergessen haben oder werden, eine wichtige Aufgabe übernehmen und mehr sind als ein buntes Feuerwerk am Rance, das den Festzug der Kunstgeschichte durch die Jahrhunderte nicht weiter beeinträchtigt. Sir Norman Rosenthal mag davon nicht überzeugt sein. Die Galerie von Terence Koh scheint eine abweichende Ansicht zu vertreten. Rosenthals Fax war von der Pariser Dependance der Galerie Thaddaeus Ropac versendet worden, die den Künstler Terence Koh und sein Werk vertritt.

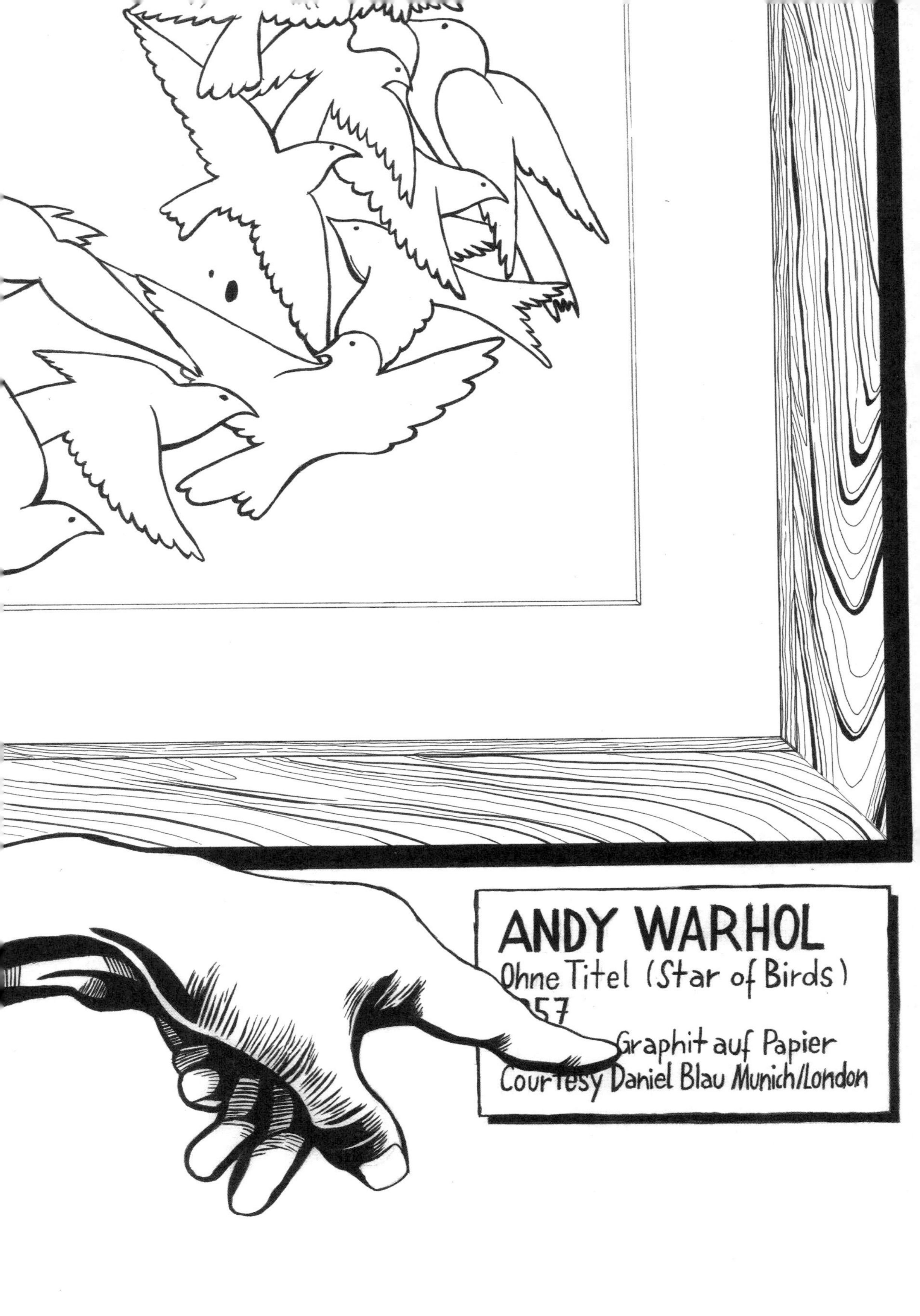
ANDY WARHOL
Ohne Titel (Star of Birds)
57
Graphit auf Papier
Courtesy Daniel Blau Munich/London

I. Schilder lesen

Niemand hat den weißen Ausstellungsraum der Nachkriegsmoderne besser analysiert als Brian O'Doherty in seinem Essay »Inside the White Cube: Ideologies of the Gallery Space« von 1976, der zuerst als Artikelfolge in der amerikanischen Kunstzeitschrift *Artforum* erschien. Der Künstler, damals auch Kritiker der *New York Times*, beschrieb darin nicht nur eine neue Ausstellungsästhetik, die in der Moderne die Überfülle des Salons oder des Kunstkabinetts ablöste. O'Doherty kennzeichnete den »White Cube« darüber hinaus als einen Raum, der die Kunst, die darin gezeigt wird, erst hervorbringt. Der White Cube verfügt über die Kraft, das Wunder oder auch Hexenwerk, alles, was sich in ihm aufhält, in Kunst zu verwandeln. »In dieser Umgebung«, schreibt O'Doherty, »wird ein Standaschenbecher fast zu einem sakralen Gegenstand, ebenso wie der Feuerlöscher in einem modernen Museum einfach nicht mehr wie ein Feuerlöscher aussieht, sondern wie ein ästhetisches Scherzrätsel.«[10] Die Logik des White Cube, so der Autor weiter, verlange, dass er nach Gesetzen errichtet werde, die so streng seien wie diejenigen, die für eine mittelalterliche Kirche gegolten hätten. Die Kunst wird abgeschirmt. Fenster werden verdunkelt, die Wände weiß getüncht, künstliches Licht erleuchtet den Raum, etc. – der White Cube verschließt sich vor der Welt. Wer würde O'Dohertys Analyse widersprechen?[11]

Allerdings gibt es in fast jedem Ausstellungsraum, den White Cube inbegriffen, eine systematische Ausnahme – eine Art Riss, eine Ritze oder ein Schlüsselloch, durch das Licht von außen eindringt. Betrachter, die sich nicht sicher sind, ob sie vor einem Aschenbecher, Feuerlöscher oder Kunstwerk stehen, halten nach eben diesem Licht Ausschau. Die Rede ist von den Wandschildchen, die Künstlernamen, Titel, Eigentümer und Entstehungsjahr eines Kunstwerks benennen und die in der Moderne fester Bestandteil öffentlicher Ausstellungsräume geworden sind.

Diese Schilder, im Englischen »labels« genannt, sind bisher noch nicht Gegenstand einer kunsthistorischen Analyse geworden. Dabei verdienen sie und ihre Stellung im Kunstbetrieb so viel Aufmerksamkeit wie etwa die Fußnoten in den Geisteswissenschaften, die ebenfalls nur auf den ersten Blick unscheinbar wirken und denen Anthony Grafton eine eigene Studie gewidmet hat.[12] Im Unterschied zu den Fußnoten jedoch, die, solange sie nicht überhand nehmen, in der Wissenschaft geschätzt werden, besitzen Ausstellungsschilder keinen guten Ruf. Sie sind, vorsichtig ausgedrückt, eine ungeliebte Textgattung. O'Doherty spricht von den »strengen Gesetzen«, nach denen der Galerieraum errichtet wird. Es herrschen – auch darüber schreibt O'Doherty – aber gleichsam strenge Gesetze für dessen Besucher. In Bezug auf den Umgang mit den Schildern, die uns hier beschäftigen, lautet die paradoxe Vorschrift, dass sie möglichst ignoriert werden sollen. Betrachter, die sich statt in die Kunstwerke in die dazugehörigen Schilder vertiefen, gelten als ähnlich fehl am Platz wie Restaurantgäste, die sich statt in ein Taschentuch in die Tischdecke schnäuzen. Sie sind ein »running gag«, ein Lieblingswitz des Kunstbetriebs – und das hat eine fast zweihundertjährige Tradition. Es lohnt sich, diese Witze ernst zu nehmen, da sich in ihnen ein Urteil darüber verbirgt, was die richtige und was die falsche Art und Weise ist, mit Kunst umzugehen. Unausgesprochene Regeln sollte man sich bewusst machen, um sich für oder gegen sie entscheiden zu können.

Warum gilt es also als falsch, im Museum die Schilder zu lesen? Zu den frühen Kritikern lesender Ausstellungsbesucher zählen die Brüder Isaac Robert und George Cruikshank, zwei englische Illustratoren und Karikaturisten, die sich 1821 über den Ablauf einer Ausstellung an der Londoner Royal Academy mokierten.[13]

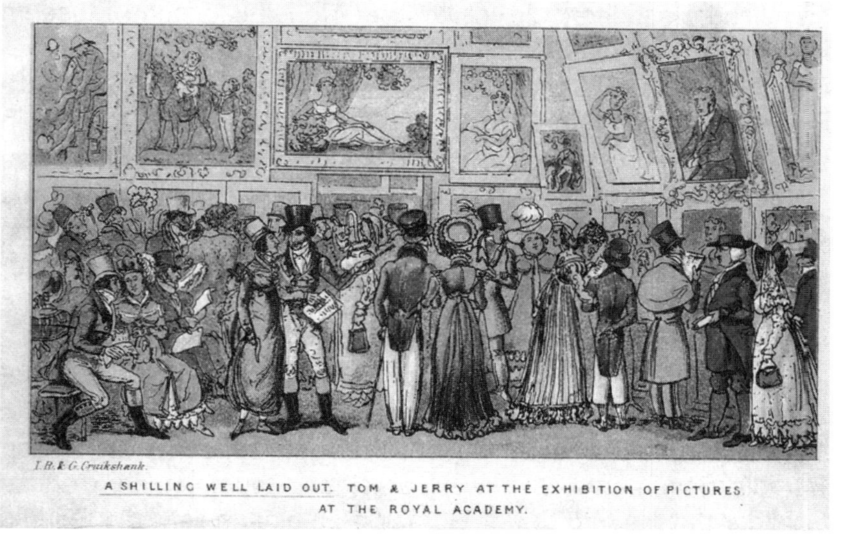

Besucher einer Ausstellung in der Royal Academy im Jahr 1821

»Ein gut angelegter Schilling« heißt der Druck. Gezeigt wird ein Ausstellungssaal, dessen Wände bis unter die Decke mit Bildern gepflastert sind, überwiegend mit Porträts. Die meisten Besucher allerdings, die aufgrund von Kleidung und Haartracht der Oberschicht zugerechnet werden können, sehen nicht die Gemälde an. Sie lesen im Katalog. Diese frühen Kataloge umfassten häufig nur wenige Seiten und dienten einem einfachen Zweck. Sie ersetzten die Schilder, die heute in Kunstaustellungen an der Wand angebracht werden. Bis ins 20. Jahrhundert hinein wurden die Werke häufig lediglich mit einer Nummer gekennzeichnet, die mit einem Eintrag im Katalog korrespondierte. Dort fanden sich dann der Name des Kunstwerks, sein Titel und manchmal auch weitere Informationen. Nach diesen Angaben suchen also die Ausstellungsbesucher der Cruikshanks – und natürlich viele Ausstellungsbesucher bis heute. Dafür werden sie nach wie vor zum Gegenstand von Spott. Die Lektüre von Schildern wie auch Katalogen gilt dabei gleichermaßen als unangebracht.

Zwei Beispiele aus jüngerer Zeit: Als 1985 »Alte Meister« erschien, der Roman des österreichischen Schriftstellers Thomas Bernhard, ließ er darin die Figur Atzbacher auftreten, den Erzähler der Geschichte. Atzbacher verachtet fast durchgehend sämtliche Besucher, die ins Wiener Kunsthistorische Museum kommen. Italiener, Franzosen, Engländer, Russen, Polen, niemand macht es Atzbacher recht. Am schlimmsten aber benehmen sich seiner Ansicht nach die Deutschen: »Die Deutschen schauen im Kunsthistorischen Museum die ganze Zeit in den Katalog, während sie durch die Säle gehen, und kaum auf die an den Wänden hängenden Originale, sie folgen dem Katalog und kriechen, während sie durch das Museum gehen, immer tiefer in den Katalog hinein, bis sie auf der letzten Katalogseite angelangt und also wieder aus dem Museum draußen sind.«[14]

Zwei Jahre später, 1987, griff der österreichische Künstler und Architekt Hans Hollein das Phänomen auf, dass Texte Museumsbesucher mehr zu beschäftigen scheinen als Bilder. Für die documenta 8 entwarf er einen Raum, in dem er die Schilder auf die Größe der Gemälde aufblasen ließ; die Gemälde selbst schrumpften dagegen auf das Format der Erläuterungstafeln. Das Verhältnis von Wort und Bild wurde umgekehrt. Um die Bilder betrachten zu können, mussten sich nun die Besucher bücken und verrenken. Eine Ausstellungsansicht zeigt sie in den absonderlichen Posen, die üblicherweise eingenommen werden, um klein beschriftete Schilder zu entziffern.

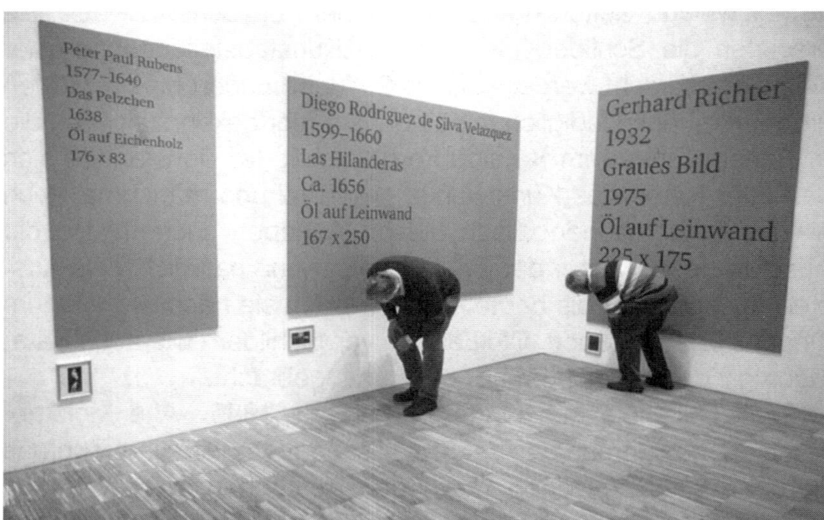

Besucher einer Ausstellung von Hans Hollein

Als die Ausstellung 2011 in Graz im Neuen Museum gezeigt wurde, kommentierte sie Peter Weibel, der Künstler, Kurator und Museumsdirektor, mit einer Anekdote. Unter Künstlern, so Weibel, kursiere der Witz: »Haben Sie meine letzte Ausstellung schon gelesen?«[15]

Allen diesen Kommentaren, gleichgültig, ob sie mündlich, schriftlich oder bildlich vorgebracht werden, liegt die Überzeugung zugrunde, dass im Museum geschaut und nicht gelesen werden soll – oder jedenfalls nicht zu viel. Bis zu einem gewissen Grad handelt es sich hier um einen Verhaltenskodex oder eine Benimmregel, in der die Herablassung der »Connaisseurs« mitschwingt; sie machen sich über Besucher lustig, die viele Kunstwerke ratlos zurücklassen und sich daher von Texten Hilfe erhoffen. In diesem Sinne sind die Ausstellungsbesucher der Cruikshanks Emporkömmlinge, die sich eifrig Inhalte anlesen müssen, da es ihnen an Stand, Bildung und Geschmack mangelt, um die Kunst sehend zu genießen. Sie machen sich eines Etikettenbruchs schuldig, wie ein Opernbesucher, der an der falschen Stelle klatscht. Es steckt aber noch mehr dahinter: Besucher, die in Ausstellungen lesen, gelten nicht einfach nur als unfein, sondern auch als ignorant. Ihr Verhalten, so die Annahme, ist dem Wesen der Kunst zutiefst unangemessen, da Texte den Zugang zum Werk verstellen, die sinnliche Erfahrung verhindern und damit auch die eigenständige intellektuelle Auseinandersetzung. Jenseits von Satiren gibt es daher im Übrigen auch eine umfangreiche museumspädagogische Literatur zu der Frage, wie Text und Bild in ein angemessenes Verhältnis gebracht werden können.[16] Die Autoren sind sich ebenfalls einig, dass idealerweise die Bedeutung eines Gemäldes, Videos, Films, einer Skulptur oder Installation verstanden werden soll, indem man sie betrachtet. Idealerweise. Wir wollen hier die gegenteilige These vertreten: In Ausstellungen, in Museen und Galerien wird bisher noch viel zu wenig gelesen. Wer die Bedeutung eines Kunstwerks ermessen will, kommt um Schilder und Kataloge nicht herum.

Warum lohnt sich also der Blick auf das Schild? Es kann als Schlüsselloch dienen, um einen ersten Blick in die Welt draußen, den Kunstbetrieb hinter der weißen Wand zu werfen. In diesem Sinne lassen sich einige Werke von Hans Haacke verstehen, des Künstlers, der sich in zahlreichen Werken mit den Institutionen der Kunstwelt auseinandergesetzt hat, ihren Geldgebern und Sponsoren. Dass er als einer der wenigen den lesenden Ausstellungsbesuchern Sympathie entgegenbrachte, scheint kein Zufall zu sein. In dem Zyklus »Fotonotizen documenta 2 1959«, den Walter Grasskamp als Buch veröffentlicht hat, findet sich die Aufnahme einer ratlosen Besuchergruppe, vielleicht einer Familie, die gemeinsam versucht, den Katalogtext mit den ausgestellten Werken in Verbindung zu bringen.

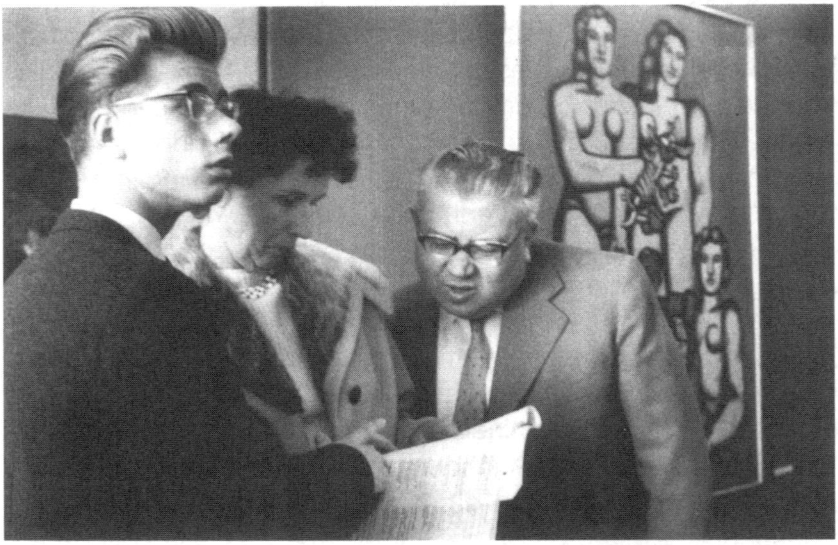

Besucher auf der documenta II im Jahr 1959, fotografiert von Hans Haacke

Ihre Reaktionen reichen von Interesse über Skepsis bis zu Verwunderung. Wie der Kunsthistoriker Walter Grasskamp treffend schrieb, werde in Haackes Fotografien nicht »die Unwürdigkeit des Massenmenschen vor den einsamen Triumphen der Kunst bekrittelt«.[17] Im Gegenteil. Der Künstler Haacke verstand den aufkeimenden Zweifel der Besucher – wie auch den der Transportarbeiter oder Putzfrauen, die er hinter den Kulissen fotografierte. Haacke war damals dreiundzwanzig Jahre alt, ein Student der Kasseler Werkakademie und Hilfskraft auf der documenta. Fünfzehn Jahre später konzipierte er das berühmt gewordene

»Manet-PROJEKT'74« für das Kölner Wallraf-Richartz-Museum zu Édouard Manets Gemälde eines Spargelbündels von 1880. Inhalt der Ausstellung, die damals nicht im Museum gezeigt wurde, waren eben die Informationen, die sich auf Schildern und in Katalogen befinden: die Angaben des jeweiligen Besitzers. Tafeln an den Wänden sollten darüber Auskunft geben, wer das Gemälde im Laufe der Geschichte besessen hatte und für welche Summe es jeweils erworben wurde. Haacke listete die Vorbesitzer durch die Geschichte hindurch auf, darunter den jüdischen Maler und Akademiepräsidenten Max Liebermann, der 1935 starb, und dessen Frau sich zwei Jahre vor dem Ende des Zweiten Weltkriegs aus Angst vor der Geheimen Staatspolizei das Leben nahm. Dokumentiert wurde ebenfalls, wer nach dem Krieg maßgeblich zum Ankauf des Werks für das Kölner Museum beitrug: Hermann Josef Abs, von 1938 an Vorstandsmitglied der Deutschen Bank, der wegen seiner Rolle bei der »Arisierung« jüdischen Vermögens bis zu seinem Tod 1994 nicht in die Vereinigten Staaten einreisen durfte. Das Wallraf-Richartz-Museum, das Haacke ursprünglich zu einem Beitrag anlässlich einer Jubiläumsfeier eingeladen hatte, lehnte es ab, die Arbeit auszustellen, woraufhin zahlreiche Künstler ihre Werke aus der Schau zurückzogen. Am Tag der Presseeröffnung zeigte die Kölner Galerie Paul Maenz das »Manet-PROJEKT'74«.[18] Haackes Schau war ein Lehrstück über den Kunstbetrieb – und gleichzeitig eine Hommage an den lesenden Ausstellungsbesucher, das Museumsschild und den Katalog.

Wie aufschlussreich die Information sein kann, die sich auf den wenigen Quadratzentimetern eines Schildes verdichtet, zeigt unser Beispiel, das wir zu Beginn des Kapitels abgebildet haben. Einerseits handelt es sich um ein prototypisches Exemplar, das alle Angaben vereint, die üblicherweise auf einem Ausstellungsschild zu finden sind. Andererseits steht es mit einer Schau in München in Verbindung.[19] Die Ausstellung, die 2013 in den Räumen der Staatlichen Graphischen Sammlung in der Pinakothek der Moderne gezeigt wurde, trug den Titel »Andy Warhol. Zeichnungen der 1950er Jahre«. In unserer Zeichnung bilden wir den Ausschnitt aus einem Werk von

Warhol ab, das den Titel »Ohne Titel (Star of Birds)« trägt. Auf unserem Schild steht zudem eine Angabe, die dazu führte, dass die Ausstellung in die Schlagzeilen geriet. Die *Financial Times* titelte in ihrer Wochenendausgabe in der Kunstmarktsektion: »The Art Market: All eyes on the Andy index. Warhols go on show at Munich's Pinakothek der Moderne and Daniel Blau gallery while Iranian artists gain ground in NYC.«[20]

In dem Artikel wurde Andy Warhol als »one-man Dow Jones« bezeichnet, die Preise für seine Werke seien ein Index, ein Barometer für die Großwetterlage des Kunstmarkts im Allgemeinen. Die meisten der rund 180 Exponate, die in der Pinakothek der Moderne gezeigt wurden, waren zudem Leihgaben des Münchner Kunsthändlers Daniel Blau. Blau hatte in den Jahren zuvor 300 Blätter von der Andy Warhol Foundation erworben. Einige behielt er, andere verkaufte er an private Sammlungen. Aus den eigenen Beständen und denen seiner Kunden speiste sich die Ausstellung. In der Pinakothek der Moderne lief also eine Schau, die beides zugleich war: Museums- und Verkaufsausstellung. Die Preise nannte die *Financial Times*. Sie lagen zwischen 20.000 und 150.000 Euro, die meisten Werke standen zum Verkauf.

Die deutschen Feuilletons beschäftigte ein anderes Phänomen und die Kommentare meiner Kollegen fielen wenig begeistert aus. Sowohl die *Frankfurter Allgemeine Zeitung* als auch die *Süddeutsche Zeitung* kritisierten das Vorgehen des Münchner Museums. Letztere bezeichnete die Schau als den »größtmöglichen Fauxpas«: »Es wäre ehrlicher, wenn die Preise und roten Punkte da wären.«[21] Die Museumsleitung rechtfertigte den Schritt mit der ungewöhnlichen Qualität der Zeichnungen. Man würde meinen, dass »ungewöhnliche Qualität« ohnehin das Kriterium für eine Museumsschau sein sollte und nicht die Ausnahme, die rechtfertigt, dass die Museumsräume in ein Galeriegeschäft verwandelt werden.

Wie meine Kollegen glaube auch ich, dass hier eine Linie überschritten wurde. In fast jeder Ausstellung wird man natürlich Leihgaben finden, die Händlern, Galeristen oder Privatleuten gehören und die nach der Ausstellung verkauft werden können. Die Sphären von Markt und Museum vermischen sich jedes Mal, wenn ein Haus nicht nur die eigenen Bestände oder Werke anderer öffentlicher Institutionen zeigt. Kritik wird, zu Recht, aber dann laut, wenn die Mehrzahl der Werke von einer Galerie oder einem Sammler stammt, sodass der Beitrag des Museums nur noch darin besteht, die Tür aufzuschließen.

Ähnliche Fälle sorgten in den vergangenen Jahren wiederholt für Kontroversen. Im Jahr 2012 zeigte die Bonner Kunsthalle etwa eine Retrospektive zum Werk von Anselm Kiefer, die sich aus einer einzigen Privatsammlung speiste, der von Hans Grothe. Der Bauunternehmer und Privatsammler hatte ein gutes Jahrzehnt zuvor für einen Skandal gesorgt, als er seine umfangreichen Dauerleihgaben überraschend aus dem Kunstmuseum Bonn abzog und versteigern ließ. Von den betroffenen Künstlern, darunter Andreas Gursky, Thomas Struth, Thomas Demand und Thomas Ruff, wurde ihm vorgeworfen, das Versprechen gebrochen zu haben, die Werke dem Museum zu überlassen; nur aus diesem Grund hätte man, so hieß es von Künstlerseite, an Grothe verkauft. Darüber hinaus wurde der Verdacht laut, Grothe habe öffentliche Museen genutzt, um die Preise in die Höhe zu treiben. Die Bonner Ausstellung geriet also in die Kritik, der Leiter der Bundeskunsthalle, Robert Fleck, verließ das Haus wenig später.[22] Umso überraschender las sich im Sommer 2014 die Pressemitteilung der Mannheimer Kunsthalle, dass Grothe dem Haus fast vierzig Werke von Anselm Kiefer überlasse, die 2017 im Neubau einen eigenen Raum erhalten sollten. Auf Nachfrage stellte sich heraus, dass es sich wieder um Dauerleihgaben handelt, mit einer Mindestlaufzeit von zehn Jahren. Wer das deutsche Steuerrecht kennt, weiß, dass nach diesem Zeitraum Vergünstigungen für den Eigentümer in der Erbschaftsteuer winken. Was das für den Verbleib der Dauerleihgaben bedeutet, wird sich 2027 zeigen.

Warum sollten sich Kunstkritiker oder Kunsthistoriker für diese Hintergründe interessieren? Was die zeitgenössische Kunst anbetrifft, herrscht immer noch die Ansicht vor, man müsse sich allein auf das Werk konzentrieren, seine Form und Ästhetik. Diese Haltung überrascht mich immer wieder. Das, was man vor sich sieht, ist natürlich ein wesentlicher Bestandteil dessen, was eine kritische oder kunsthistorische Analyse beschäftigen sollte. Aber kann man die Kunst aus dem Zusammenhang reißen? Kein Renaissance-Forscher etwa könnte es sich leisten zu behaupten, ihn interessiere das Umfeld eines Künstlers nicht, die Käufer, die Auftraggeber, die Förderer. Wer würde ein Gemälde von Andrea Mantegna aus dem 15. Jahrhundert interpretieren, ohne zu berücksichtigen, dass es für ein aufsteigendes Adelshaus in Mantua gemalt wurde? Wer über die Serienproduktion von Lukas Cranach d. Ä. schreiben, ohne zu fragen, wer die Abnehmer waren? Ich halte es für irreführend, Rahmenbedingungen wie etwa die Besitzverhältnisse außen vor zu lassen. Wem ein Kunstwerk gehört, kann für die Entscheidung, ob es ausgestellt wird oder ins Museum kommt, ebenso bedeutend sein, wie die Frage, wie es aussieht oder wer es gemacht hat. Die Bedeutung der Besitzverhältnisse belegt ein weiterer Skandal aus den letzten Jahren, der international für Aufsehen sorgte: die sogenannte »Estella Collection«.

Die Estella Collection, die im April 2008 auf einer Auktion von Sotheby's in Hong Kong für 18 Millionen Dollar versteigert wurde, bestand aus Werken zeitgenössischer chinesischer Kunst, wie etwa Zhang Xiaogangs Ölgemälde »Bloodline: The Big Family Number 3« (1995), das im selben Jahr auf der Biennale in Venedig gezeigt worden war. Von der Sammlung hieß es vor der Auktion, dass sie im Auftrag eines Privatmannes zusammengestellt worden sei, der Wert auf Anonymität lege und beabsichtige, Teile davon einem Museum zu schenken. Die Kollektion tourte zwischen 2007 und 2008 durch zwei Kunstinstitutionen, das Louisiana Museum of Modern Art im dänischen Humlebæk und das Israel Museum in Jerusalem. Der Sammler, so schien es, hegte Sympathien für politische Kunst – bis sich seine Existenz als Fiktion entpuppte; es gab ihn gar nicht. Kurz nach der ersten Station in Dänemark gab Sotheby's bekannt, die Sammlung im Jahr darauf versteigern zu wollen. Wie sich herausstellte war die »Estella Collection« das Werk des New Yorker Händlers Michael Goedhuis, der sich bis dahin als Kontaktperson ausgegeben hatte. Zusammen mit einem

Anlegerkonsortium hatte er die Werke erworben. Und es kam noch drastischer: Die Estella Collection gehörte, als die bevorstehende Auktion bekanntgegeben wurde, nicht einmal mehr Goedhuis und seinem Investorenteam. Sie war bereits im Jahr zuvor an das Auktionshaus Sotheby's und William Acquavella, einen weiteren New Yorker Händler verkauft worden. Die Details der Transaktionen enthüllte eine Serie von Artikeln in der *New York Times*.[23] Zu Wort kamen auch Künstler, Kuratoren und Kunsthistoriker, die angaben, hinters Licht geführt worden zu sein. Die Kunsthistorikerin Britta Erickson etwa, die den Katalog herausgegeben hatte, erklärte, Goedhuis habe sie getäuscht. Anders Kold, Kurator am Louisiana Museum, sagte, dass er, wäre er über die wahren Hintergründe informiert gewesen, die Ausstellung nicht gezeigt hätte. Er sprach von »Unlauterkeit«.[24] Justiziabel war Goedhius' Verhalten jedoch nicht. Dem Skandal folgte kein Prozess. Goedhuis verließ das Schaltbrett, an dem er sämtliche Knöpfe gedrückt und Hebel umgelegt hatte, ohne dass ihn jemand dafür belangen konnte.

Den Fall der Estella Collection kann man als makabres kunstsoziologisches Experiment betrachten. Unabhängige Variablen wurden manipuliert, die Messgrößen des Systems reagierten. Der Erlös der 108 Werke, die im Frühjahr 2008 in Hong Kong versteigert wurden, übertraf den Schätzwert um fast dreißig Prozent. Die zweite Auktion in New York allerdings, die für den Herbst des gleichen Jahres angesetzt war, fand nie statt. Eine Erklärung blieb Sotheby's schuldig, es wird jedoch vermutet, dass die harsche Kritik, die mit der ersten Auktion einsetzte, der maßgebliche Grund war.[25]

Goedhuis wird sein Experiment trotzdem als gelungen betrachten. Seinem Versuch lag ein Geschäftsmodell zugrunde, darüber besteht kein Zweifel. Dass dieses allerdings dem gängigen Modell der Kunstgeschichtsschreibung entsprach, war seine Erfolgsbedingung.

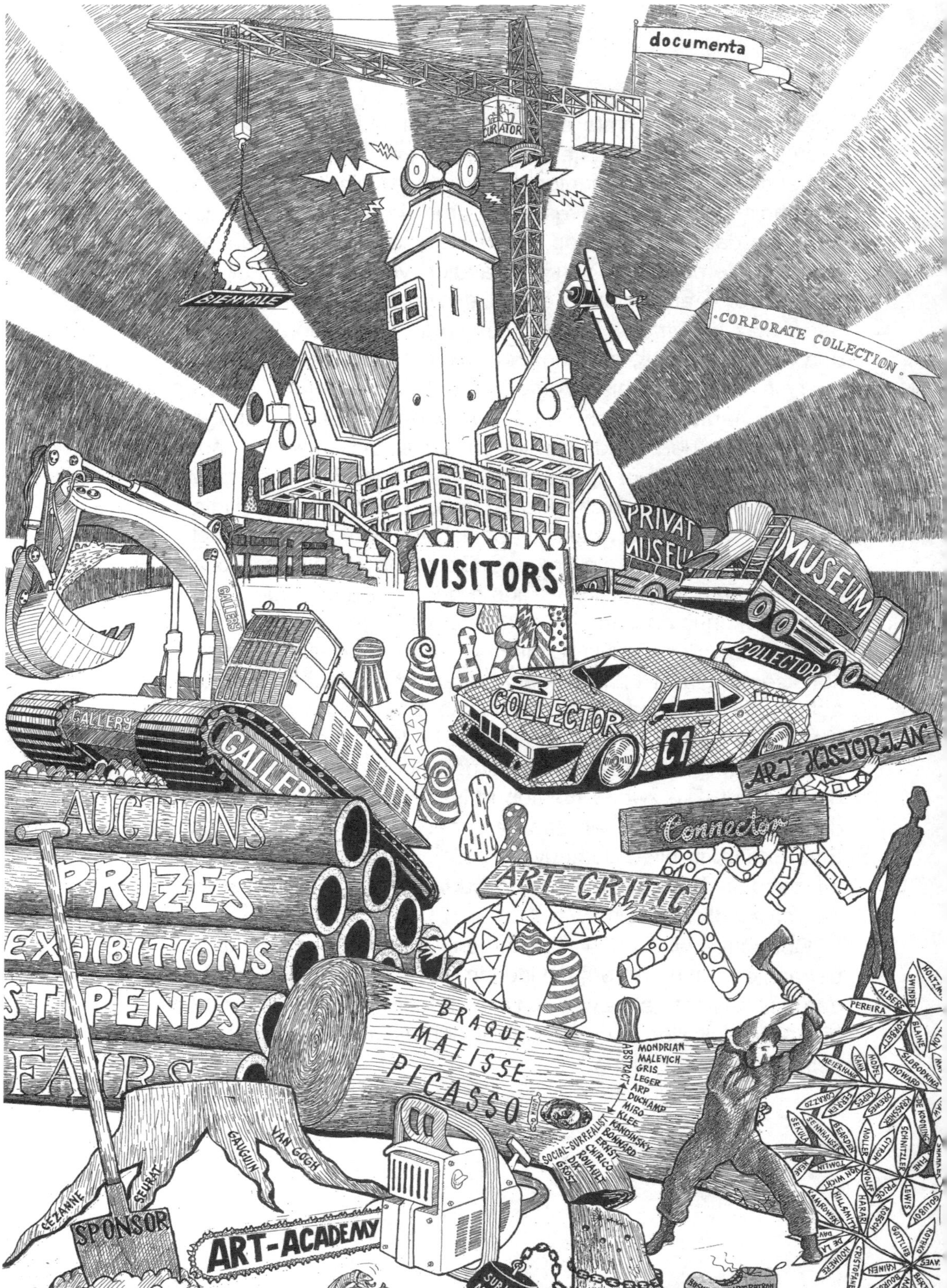
documenta
CURATOR
BIENNALE
CORPORATE COLLECTION
PRIVAT
MUSEU
MUSEUM
VISITORS
GALLERY
GALLERY
GALLERY
GALLERY
COLLECTOR
COLLECTOR
C1
ART HISTORIAN
Connector
ART CRITIC
AUCTIONS
PRIZES
EXHIBITIONS
ST PENDS
FAIRS
BRAQUE
MATISSE
PICASSO
ABSTRACT
MONDRIAN
MALEVICH
GRIS
LEGER
ARP
DUCHAMP
MIRO
KLEE
KANDINSKY
SOCIAL-SURREALIST
BONNARD
ERNST
CHIRICO
ROUAULT
DIX
GROSZ
GAUGUIN
VAN GOGH
SEURAT
CEZANNE
SPONSOR
ART-ACADEMY
SUBJECT MATTER
ART
BUSINESS
BUSINESS AS ART PATRON

II. Das Haus der Kunstgeschichte

Wenn von Modellen die Rede ist, dann geht es meistens um solche in den Naturwissenschaften. Jeder kennt etwa das Doppelhelix-Modell, das James Watson und Francis Crick 1953 im Cavendish Laboratory in Cambridge entwickelten, zunächst aus Draht und Pappkarton, um die chemische Struktur der Desoxyribonukleinsäure zu beschreiben. Die Doppelhelix war jedoch weder das einzige Modell, das sie entwarfen, noch waren die beiden die Einzigen, die auf diese Weise forschten.

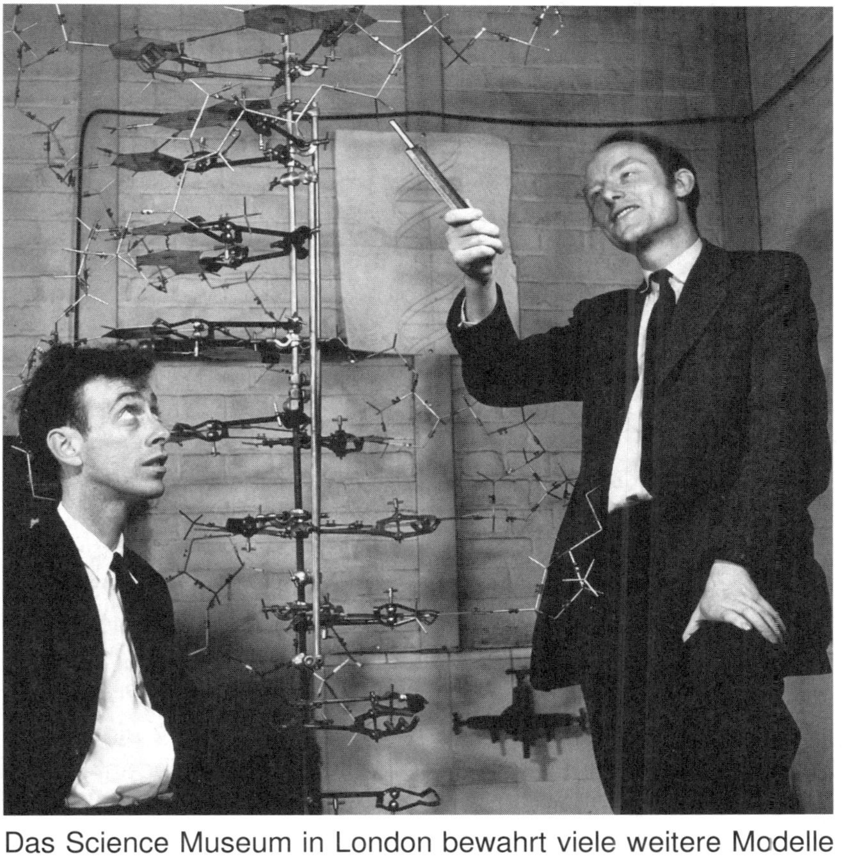

Crick und Watsons Doppelhelix-Modell der DNA

Das Science Museum in London bewahrt viele weitere Modelle auf, von denen einige ohne aufzufallen in ein Kunstmuseum umziehen könnten – wie etwa das sogenannte »Sausage model« aus dem Jahr 1957, das der spätere Nobelpreisträger John Kendrew schuf und das sich ebenso gut dem österreichischen Bildhauer Franz West zuschreiben ließe.[26]

Modelle dienen dazu, das Große klein zu machen, oder das Kleine groß. Sie können Sterne und Planeten vom Himmel holen oder Winziges, fast Unsichtbares, auf die Größe eines Fußballes aufblasen. Sie können ein Haus, bevor es gebaut wird, von seiner besten Seite zeigen, oder Schülern in Klassenzimmern vorführen, wie Dampfmaschinen funktionieren.[27] In der Forschung sind sie Vermittler zwischen den Phänomenen und der Theorie, sie sind Repräsentationen und Reduktionen, sie vereinfachen und veranschaulichen eine Wirklichkeit, die zu klein, groß, vielschichtig, unübersichtlich oder uneindeutig ist, um als solche beschrieben werden zu können. Modelle, wie der Philosoph und Wissenschaftshistoriker Hans-Jörg Rheinberger schreibt, sind »genau so lange forschungsrelevant [...], als sie etwas zu wünschen übrig lassen«.[28] Wenn alles bekannt ist und keine Fragen mehr offen sind, kollabiere die Funktion des Modells.

Modelle müssen dabei nicht immer dreidimensional sein und es gibt sie natürlich auch in den Geisteswissenschaften, in denen sie häufig die Form von Analogien annehmen. Ein solches Modell der Kunstgeschichte hat Brian O'Doherty entworfen: das Haus der Moderne. Er schreibt:

> »Das Haus selbst, das auf Ideen aufbaut, ist ein eindrucksvolles Gebäude, obwohl die Nachbarschaft sich ständig verändert. Es hat eine Dada-Küche, ein schönes surrealistisches Dachgeschoß, ein utopisches Spielzimmer, einen Speiseraum für Kritiker, saubere gutbeleuchtete Galerien für die Aktualitäten, Votivlichter für eine Anzahl Heiliger, eine Selbstmordzelle, geräumige Vorratskammern und schäbige Unterkünfte im Souterrain, wo fehlgeschlagene Projekte wie Clochards herumliegen.«[29]

Wenn die Kunstgeschichte der Moderne einem Haus ähnelt, dürfte jene, die draußen stehen, eine einzige Frage beschäftigen: Wie kommt man hinein?

Auf diese Frage gibt es zahlreiche Antworten. Viele davon sind unbefriedigend. Jeder, der über Kunst schreibt, muss sich damit auseinandersetzen, ausdrücklich oder implizit. Warum wird ein Werk vergessen und das andere nicht? Was macht eine Künstlerin oder einen Künstler berühmt und andere unsichtbar? Wie wird ein Bild, ein Film, eine Skulptur ikonisch? Die Antworten darauf sind natürlich abhängig von dem Kunstgeschichtsmodell, das man vertritt. Anders als in den Naturwissenschaften, in denen viele Modelle so beschaffen sind, dass man sie anfassen, hinstellen oder auch, falls sie sich als unbrauchbar erwiesen haben, wegwerfen kann, bestehen die Modelle der Kunstgeschichte aus Wörtern oder Bildern; sie sind flüchtiger, weniger leicht zu greifen. O'Doherty nimmt sich eine ganze Seite, um seine Analogie auszubauen. Sein Modell eines Kunstgeschichtshauses ist deshalb in doppelter Hinsicht bemerkenswert: Zum einen, weil es das Fundament seines Arguments offenlegt. Mit diesem Vorgehen bildet er die Ausnahme in einem Fach, dessen Modelle und theoretische Annahmen häufig zwischen den Zeilen versteckt werden, so dass sie selbstverständlich und voraussetzungslos wirken. Zum anderen entwirft O'Doherty mit seinem Haus ein Gegenmodell, eine Antithese zum populärsten Modell der Kunstgeschichte: dem entwicklungsgeschichtlichen Modell oder Stammbaum-Modell. Diesem werden wir uns zuerst widmen müssen, um die erkenntnistheoretischen Vorzüge seines Ansatzes zu verstehen.

Was wir also nun näher betrachten wollen, ist ein Modell, das aus dem 19. Jahrhundert stammt und sich bis in die Gegenwart gehalten hat. Seine Ableger sind weit verbreitet, sie finden sich auch in unscheinbaren Gebrauchstexten, wie etwa Erklärungstafeln in Museen. Für die Lektüre von Schildern im Museum haben wir uns bereits ausgesprochen. Als Beispiel soll uns im Folgenden ein Schild aus einem deutschen Museum dienen. Es gehört zu dem Gemälde »Oberon« des Malers und Bildhauers Georg Baselitz. 1963/64 wurde es gemalt, es misst 2,50 Meter auf 2 Meter. Wie es in die Sammlung des Museums kam, erklärt uns der Text, den wir hier wiedergeben:

> »Mit der Schenkung von Dorette Hildebrand-Staab erhielt das Museum 2010 vier Hauptwerke der zeitgenössischen deutschen Kunst. Die Stifterin hatte bereits sehr früh – und entgegen der damals vorherrschenden Meinung – die Bedeutung von Georg Baselitz erkannt und den Künstler langjährig gefördert und unterstützt.«

Wir erfahren hier also nicht nur den Namen des Künstlers, des Werks, das Jahr und den Namen der Sammlerin, die das Werk dem Museum schenkte. Der Text gibt – in aller Kürze – auch weitergehende Annahmen wieder, wie jemand Teil der Kunstgeschichte wird, wer darüber bestimmt und wer die Akteure sind. Aufschlussreich sind dabei die Formulierungen: »die Bedeutung früh erkannt« und »entgegen der damals vorherrschenden Meinung«.

In dem angeführten Beispiel läuft Kunstgeschichte etwa so ab: Es gibt die »vorherrschende Meinung«, die die Bedeutung von Baselitz verkennt – gemeint sind hier vermutlich Öffentlichkeit, Medien und Kunstkritik. Es gibt diejenigen, die »seine Bedeutung früh erkennen« – in diesem Fall eine Sammlerin. Und es gibt die »Bedeutung« von Baselitz, die es einfach gibt, sie ist da, sie muss nicht gemacht werden. Das Kunststück besteht darin, sie, »die Bedeutung«, früh zu erkennen. Zeit spielt demnach die entscheidende Rolle. Die Kritik, die Zeitgenossen, das schnelle Geschäft der Meinungen können die Bedeutung übersehen; die Zeit aber stellt sie heraus. In diesem Sinne erklärt auch Norman Rosenthal, Terence Kohs Bedeutung könne erst in hundert Jahren ermessen werden.[30] Und natürlich kennt jeder von uns die Vorstellung, dass große Kunst am Ende siegt, dass sich der aufgewirbelte Staub aber erst legen muss, um klar sehen zu können.

Dieses Modell, in dem die Zeit einfach die Bedeutung eines Künstlers erweist, nennen wir das entwicklungsgeschichtliche Modell oder auch Stammbaum-Modell. Es ist alt und beruht im Wesentlichen auf einer Idee, die der Biologie entlehnt wurde, nämlich der Evolutionstheorie. Charles Darwin, ihr Begründer, beschrieb darin im 19. Jahrhundert die Geschichte des Lebendigen, der Menschen, Tiere und Pflanzen. Der englische Forscher erklärte ein Phänomen, das die Kunst mit der organischen Welt teilt: den Wandel, die Veränderlichkeit von Formen im Lauf der Zeit.

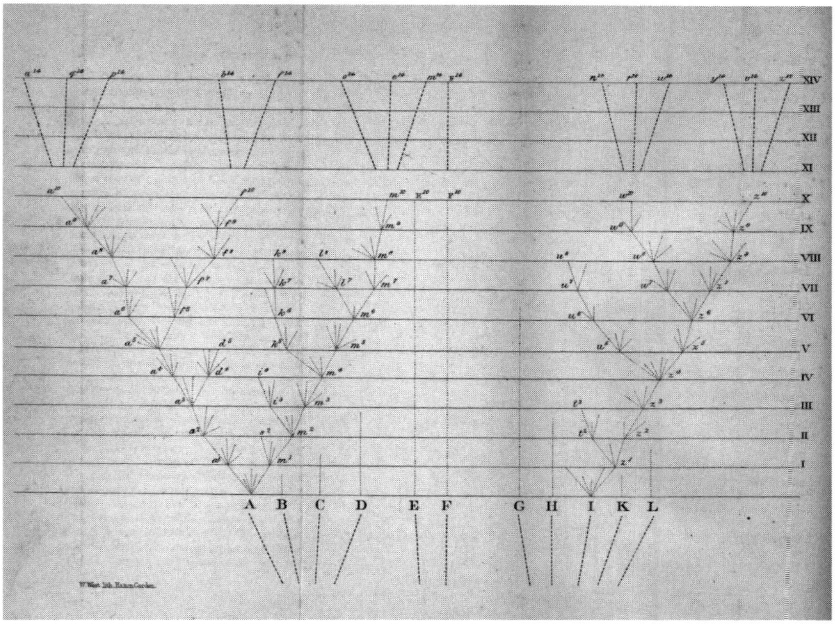

Charles Darwins Evolutionsdiagramm aus dem Jahr 1859

Sein Hauptwerk, das Buch »Über die Entstehung der Arten«, enthielt in der ersten Ausgabe von 1859 eine einzige Schautafel. In der Abbildung, dem Diagramm, skizzierte Darwin seine Theorie in Form eines Bildes, das am unteren Rand mit einer durchbuchstabierten Punktleiste beginnt. Die Buchstaben A bis L symbolisieren hier Tier- oder Pflanzenarten. Horizontale Linien markieren die verstreichende Zeit. Einige Punkte streuen fächerförmig Linien aus, die für die Nachkommen stehen und deren von der Elterngeneration abweichende Merkmale. Die Varietäten mit Merkmalen, die sich als vorteilhaft erweisen, wiederholen den Prozess; die Spur der anderen reißt ab, sie sterben aus. In manchen Fällen führt eine Art ihre Geschichte in gerader Linie fort, meistens verzweigt sie sich und schlägt eine andere Richtung ein. Wie in einem Zeitraffer zeigt Darwin das Panorama der Evolution, den Jahrmillionen währenden Prozess der Variation und Selektion.

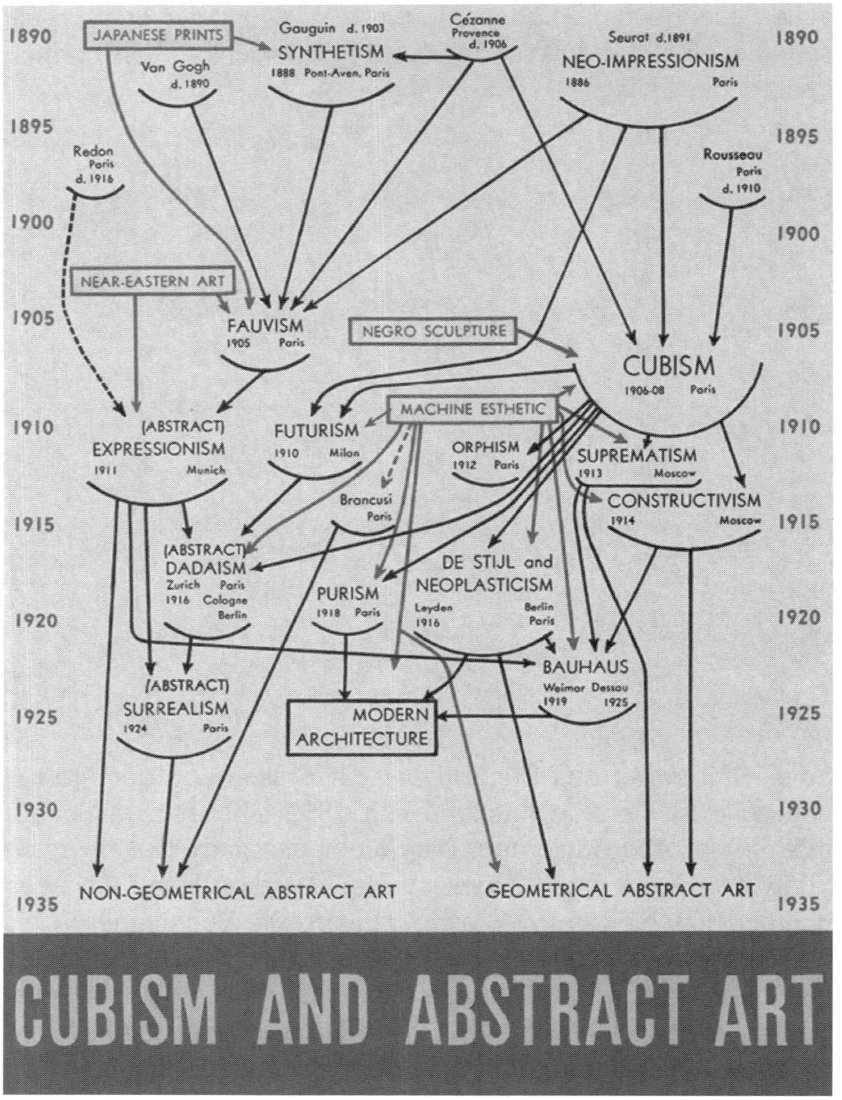

Alfred H. Barrs Diagramm zur Stilentwicklung aus dem Jahr 1936

Als Alfred H. Barr, der Gründungsdirektor des Museum of Modern Art (MoMA) in New York, fast achtzig Jahre später das entwicklungsgeschichtliche Modell auf die Geschichte der modernen Kunst übertrug, war der Zeitraum von Jahrmillionen auf kaum ein halbes Jahrhundert geschrumpft. Barrs Zählung beginnt 1890 und endet 1935. Biologisch gesprochen interessierte ihn nur eine Familie, deren Genese er nachzeichnen wollte: die abstrakte Kunst. Barr war dabei weder der erste noch der einzige Vertreter seines Fachs, der die Geschichte der Kunst als Entwicklungsgeschichte beschrieb. Sein Modell jedoch sollte sich als besonders erfolgreich erweisen.

Anlass für das Diagramm, das Barr selbst entworfen hatte, war die Ausstellung »Cubism and Abstract Art« von 1936. Das Bild schmückte den Titel des Katalogs; die Schau wanderte von New York nach San Francisco, Cincinatti, Minneapolis, Cleveland, Baltimore, Providence und Grand Rapids. Das nur sieben Jahre zuvor gegründete MoMA sollte zu einem der einflussreichsten Museen der Welt aufsteigen. Einen Welterfolg feierte auch die Abstraktion und das kunsthistorische Modell, in dem Barr ihren Werdegang beschrieb.

Der studierte Kunsthistoriker Alfred H. Barr war natürlich nicht der erste, der das entwicklungsgeschichtliche Modell aufgriff. Wann und wie es in die Kunstgeschichte einging, lässt sich in Astrit Schmidt-Burckhardts Buch über die »Stammbäume der Kunst. Zur Genealogie der Avantgarde« nachlesen.[31] Entscheidend ist hier festzuhalten, was das Modell bedeutet: Nach dem entwicklungsgeschichtlichen Modell ist Kunstgeschichte ein autonomer Entwicklungsprozess. Es gibt Künstler und Stile, aus denen wiederum neue Künstler oder Stile hervorgehen – wie Arten, die sich aufspalten. Das Werk des französischen Malers Paul Cézanne erzeugt den Fauvismus und Kubismus, der Kubismus bringt unter anderem den Suprematismus, den Konstruktivismus oder den Dadaismus hervor, der Konstruktivismus das Bauhaus etc. Ihre Abfolge scheint für Barr eine notwendige Fortschrittsgeschichte zu sein, sie folgt einer inneren Logik.

Wenn man Darwins und Barrs Diagramme vergleicht, fallen die Ähnlichkeiten ebenso auf wie die Unterschiede. In Barrs Schaubild gibt es keine Linien, die abreißen, enden oder ins Nichts führen. Die Selektion, die Auslese, die natürlich auch die Kunstgeschichte kennt, bleibt unsichtbar. Verlierer kommen bei ihm nicht vor, die Figuration oder gegenständliche Kunst ließ er einfach aus. Im Gegensatz zu Barr hatte Darwin außerdem keine Fortschrittgeschichte in seinem Schaubild skizziert. Die Pointe seiner Evolutionstheorie bestand darin, dem Zufall eine wichtige Rolle zuzuweisen, an einen autonomen Entwicklungsprozess glaubte er nicht. Was wäre die Evolution ohne den Faktor Umwelt?

Barr hatte also einige Änderungen mit Blick auf Darwin vorgenommen. Diese speisten sich jedoch ebenfalls aus naturwissenschaftlichen Quellen. Mehr noch: Sein Modell befand sich auf der Höhe der zeitgenössischen Forschung. Barr, der Kunsthistoriker, war von denselben Prinzipien überzeugt, die auch die Biologen seiner Zeit für richtig befunden hatten. Die meisten vertraten die Ansicht, dass sich die Geschichte der Tiere und Pflanzen als teleologischer Entwicklungsprozess beschreiben ließe, dass Veränderung und Wandel also einem langfristigen, zielgerichteten Programm folgten. Barr musste, um sich darin bestärkt zu sehen, nur eine Institution in New York besuchen, die sich bloß wenige Straßenblocks vom MoMA entfernt befand: das American Museum of Natural History. Dessen langjähriger Präsident, Henry Fairfield Osborn, war ein glühender Vertreter der Vorstellung, dass Evolution wie das höhere Schicksal der Arten angesehen werden müsse, als eine fortwährende Höherentwicklung mit vorherbestimmten Siegern und Verlierern.[32]

Was das entwicklungsgeschichtliche Modell für Künstler oder künstlerische Bewegungen bedeutet, haben wir gesehen. Sie nehmen in Barrs Diagramm den Platz von Arten ein. Denkt man die Analogie weiter, lautet die nächste Frage: Welche Rolle käme den Kunsthistorikern zu? Die der Paläontologen in der Evolutionsbiologie. Auch bei dieser Analogie lohnt sich die nähere Betrachtung. Einigen Kunsthistorikern mag der Vergleich schmeicheln. Er hat aber irreführende Implikationen.

Wenn Kunsthistoriker ähnlich arbeiten würden wie Paläontologen, dann bestünde ihre Aufgabe darin, den Entwicklungsgang der Kunstgeschichte freizulegen. Wie die Paläontologie die Wissenschaft vergangener Erdzeitalter ist, wäre die Kunstgeschichte die Wissenschaft vergangener Kunstepochen. Die Kunstwerke kämen den Fossilien gleich, die aus den Überresten untergegangener Welten geborgen werden müssen.

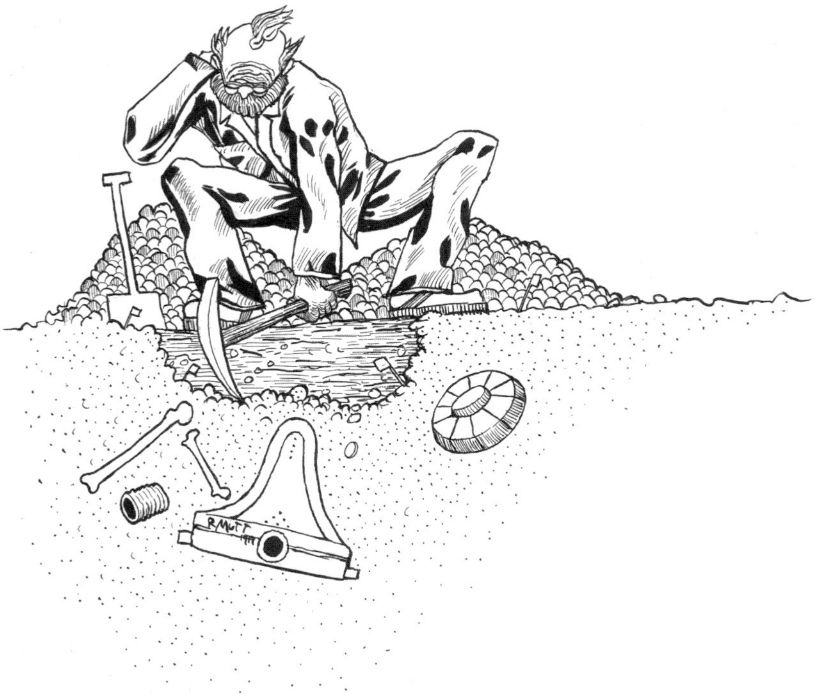

Den Weg, den die Kunstgeschichte einschlägt, würden die Kunsthistoriker nicht beeinflussen. Sie wären bloß Chronisten eines Prozesses, der von ihnen und ihrem Fach keine Kenntnis nimmt.

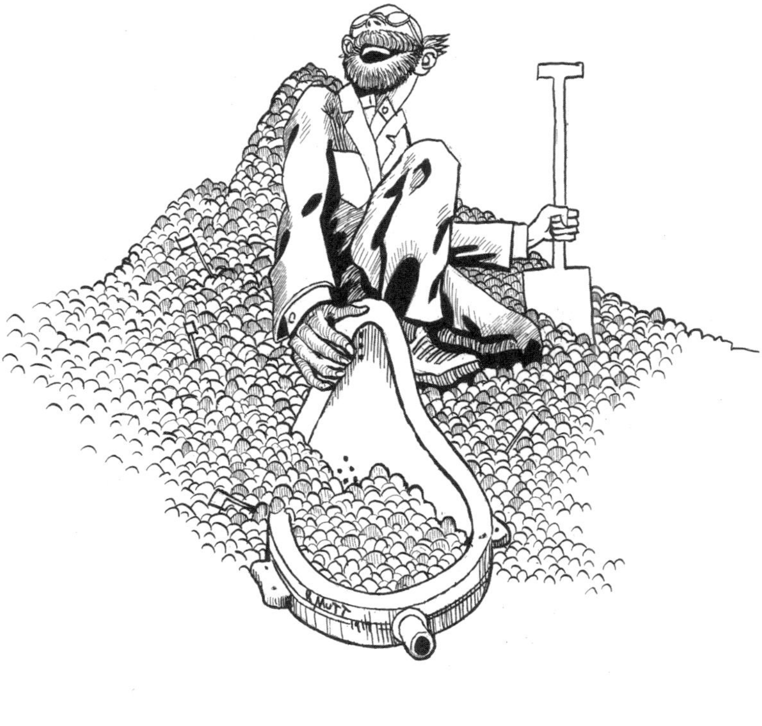

So wenig es die Evolution kümmert, was Paläontologen erforschen und publizieren, so wenig würde es die Kunst und die Künstler berühren, ob Marcel Duchamps Readymade »Fountain« von 1917 zum Leitfossil einer Epoche ausgerufen wird – oder etwa Elsa von Freytag-Loringhovens Readymade aus demselben Jahr mit dem Titel »God«. Spätestens an diesem Punkt muss man sich fragen: Ist das so? Wäre es wirklich gleichgültig für den Verlauf der Kunstgeschichte, ob Marcel Duchamp weiterhin als Erfinder des Readymades gilt – oder »die Dada-Baroness Elsa von Freytag-Loringhoven«?

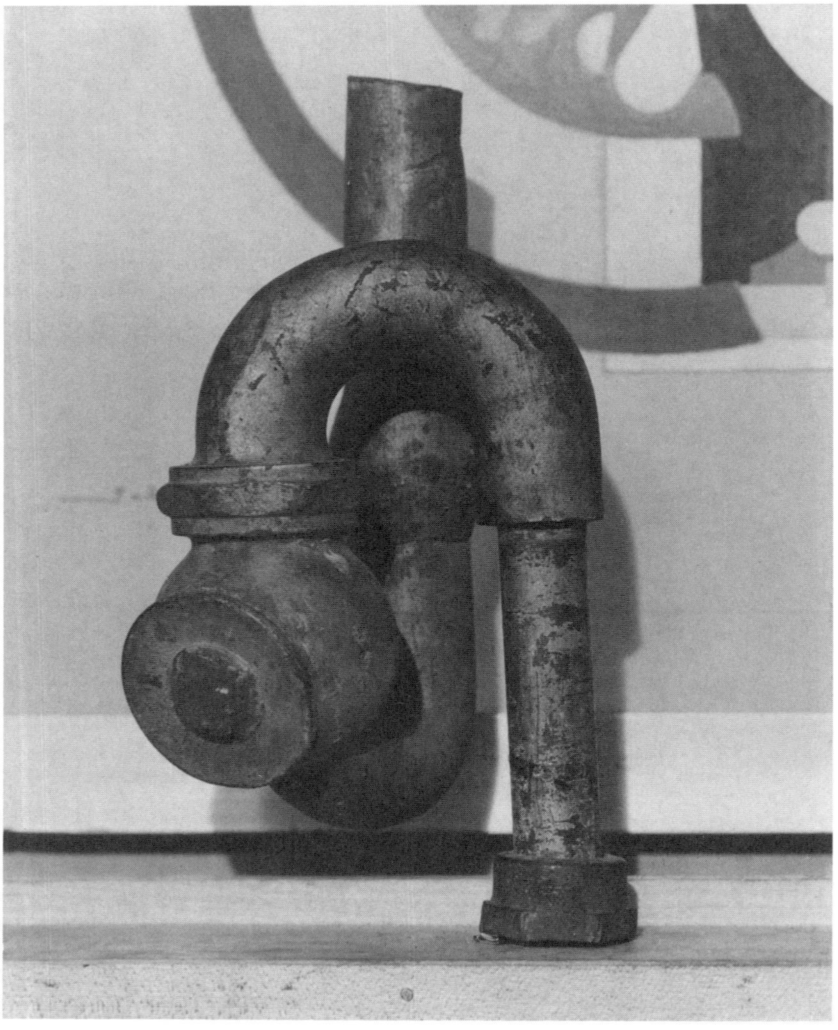

Elsa von Freytag-Loringhovens Readymade »God« aus dem Jahr 1917

Die deutsche Künstlerin und Schriftstellerin lebte von 1913 an in New York, sie war zu ihrer Zeit berühmt für die exzentrischen Kostüme, die sie aus gefundenen Objekten zusammensetzte, möglicherweise war sie es sogar, die das Pissoir zur Ausstellung der »Independents« im Grand Central Palace einsandte. Mit Duchamp war sie gut befreundet, der Künstler schrieb an seine Schwester, dass es eine Freundin gewesen sei, die das Stück »unter einem männlichen Pseudonym als Skulptur eingeschickt« habe.[33] »God« befindet sich heute im Philadelphia Art Museum. Eine historische Fotografie des Werks besitzt das Metropolitan Museum in New York. Zu dem Abzug findet sich auf der Website der Vermerk »not on view«.[34]

Die Frage ist also, ob Kunsthistoriker mit Blick auf die Entwicklung und den zukünftigen Verlauf der Kunstgeschichte, eine passive oder aktive Rolle einnehmen. Welchen Beitrag leisten sie – um im Bild zu bleiben – zum Erfolg oder Untergang von Arten? Hatte Barnett Newman recht, als er 1952 urteilte »[...] Ästhetik bedeutet für mich soviel, wie Ornithologie für die Vögel bedeutet«?[35] Auch der Künstler, der zu den wichtigsten Vertretern des Abstrakten Expressionismus zählt, wusste, wovon er sprach, als er sich auf die Biologie berief. Er war leidenschaftlicher Birdwatcher und Mitglied der American Ornithologist Union; in den 1940er Jahren belegte er Kurse am American Museum of Natural History. Als er die Theoretiker, die über Ästhetik philosophierten, mit den Vogelforschern verglich, mochte er also seine Kollegen vor Augen gehabt haben, die mit Feldstecher und Notizbuch ausschwärmten, um die Avifauna der Wälder, Sümpfe oder Steppen aufzuspüren und zu beschreiben. Die Vögel krächzten und zwitscherten natürlich weiter – ganz gleich welche gelehrten Vorträge man über sie hielt. Barnett Newman beanspruchte dieselbe Unabhängigkeit für die Künstler, Barr setzte sie voraus. Zu Recht?

Je genauer man sich das den Naturwissenschaften entlehnte Modell einer Entwicklungsgeschichte der Kunst ansieht, desto deutlicher wird, dass es die Wirklichkeit des Kunstbetriebs nicht gut abbildet. Barr und Newman waren Teil einer Bewegung, die den kunstgeschichtlichen Kanon bestimmte, vielleicht ist das der Grund, warum sie blind für die Zusammenhänge wurden, denen sie ihre Stellung verdankten. Je größer der Erfolg, desto stärker scheint die Versuchung, die Umstände auszublenden, die zu ihm geführt haben. Einer, der jedoch offensichtlich früh Unbehagen angesichts von Barrs Modell empfand, war der Künstler Ad Reinhardt, ebenfalls ein Maler der Abstraktion, gleichzeitig aber auch Kunsttheoretiker und einer der begnadetsten Cartoonisten in diesem Feld. Reinhardt lebte und arbeitete in New York, im Umfeld des MoMA. Viele vor ihm – und nach ihm – haben Barrs Modell kritisiert, ausführlich und wortreich. Reinhardt aber begegnete Barr auf Augenhöhe. Er entwarf ein Gegenbild.[36]

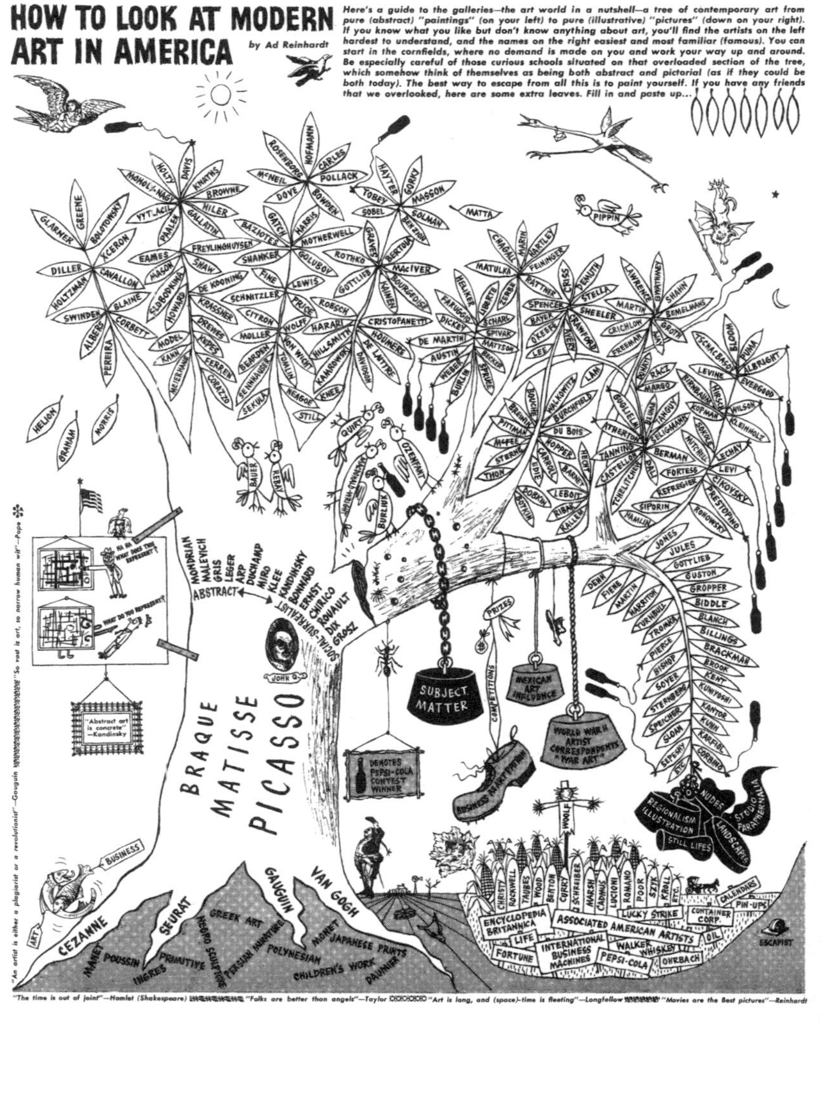

Ad Reinhardts Stammbaum der Kunst von 1946

Am 2. Juli 1946 veröffentlichte er den ersten Cartoon mit dem Titel »How to Look at Modern Art in America« in der politisch links stehenden New Yorker Zeitung *PM*. Was Barr in abstrahierter Form gezeigt hatte, überführte Reinhardt in ein konkretes Bild. Die Geschichte der Kunstgeschichte ist nun ein Stammbaum, mit Wurzeln, Ästen und Blättern. Wie bei Barr ist auch bei Reinhardt die Geschichte der Kunst synonym mit der Geschichte der abstrakten Kunst. Ihre Wurzeln reichen ins Erdreich, zu den alten Griechen, zu Kinderzeichnungen, japanischen Drucken, afrikanischen Skulpturen, Manet, Monet und Daumier. Den Stamm bilden Braque, Matisse und Picasso. Die zahllosen Blätter, die aus den Zweigen hervortreiben, tragen überwiegend Namen von Reinhardts männlichen Künstlerkollegen: Tobey, Gorky, Rothko, Gottlieb oder auch Pollock, dessen Namen er, offenkundig ein Seitenhieb, als »Pollack« falsch schreibt. Der Betrachter wird außerdem aufgefordert, selbst Blätter hinzuzufügen und diese zu beschriften: »If you have any friends that we overlooked, here are some extra leaves. Fill in and paste up...«

Der Baum scheint allerdings Problemen ausgesetzt zu sein. Es macht den Eindruck, als ob er in ein Hochwasser geraten sei, das Unrat und Schutt zurückließ, darunter ausrangierte Schuhe und Hüte. Manche Zweige sind morsch und drohen abzubrechen. Auch böse Absicht scheint eine Rolle zu spielen, etwa wenn einige tragende Äste mit Gewichten beschwert werden. In bedrohlicher Nähe zum Baum wurde außerdem ein Maisfeld angelegt, aus dem neue Künstler hervorschießen. Einer der Maiskolben trägt zum Beispiel die Aufschrift »Norman Rockwell«, den Namen des realistischen Malers also, dessen Gemälde als Titel der *Saturday Evening Post* erschienen, eine der auflagenstärksten Wochenzeitschriften der Vereinigten Staaten. Bereits 1939 hatte ihn der Kunstkritiker Clement Greenberg in seinem Essay »Avantgarde und Kitsch« als Inbegriff des schlechten Geschmacks angeführt, der billigen Befriedigung und trügerischen Genugtuung.[37] Die Besitzer des Maisfelds werden von Reinhardt dementsprechend ausgewiesen: »Pepsi Cola«, »Associated American Artists« oder »International Business Machines«. Kurzum: Hier gibt es Sponsoren, Netzwerke und Interessen. Das Maisfeld sieht nicht umsonst wie ein Friedhof aus. An diesem Ort, das ist die Aussage von Reinhardts Bild, wütet die Spekulations- und Retortenkunst.

In dem Bild kommen weitere Figuren hinzu, die ihr Unwesen treiben. Unten links verbeißen sich zwei Fische ineinander, »Art« und »Business« sind ihre Namen. Zu dem turtelnden Vogelpärchen, das sich unterhalb der Baumkrone niedergelassen hat, bilden sie das grimmige Pendant. Auch die Vögel tragen Namen, sie sind nach historischen Personen benannt, nach dem emigrierten deutschen Maler Rudolf Bauer und der ebenfalls emigrierten Malerin Hilla von Rebay, der Gründungsdirektorin des 1939 eröffneten Museums der Solomon R. Guggenheim Foundation in New York. Wie in einem Schlüsselroman lässt Reinhardt also Personen des Kunstbetriebs seiner Zeit auftreten. Vor allem aber entwirft er zwei Modelle für die Kunstgeschichte: Er stellt das langsame, organische Wachstum des Baumes der hochindustriellen Züchtungswirtschaft in Form des Maisfeldes gegenüber. Beide Modelle beinhalten Werturteile, und es kann kein Zweifel darüber bestehen, welchem Modell die Sympathie des Künstlers gehört. Die gute, die richtige Kunst wächst und gedeiht nach Reinhardt autonom, wenn ihr das Leben nicht künstlich erschwert wird. Die schlechte, die banale, die kitschige Kunst, wird gezüchtet, sie muss gesät und gedüngt werden, sie ist schnelllebig, aber auch unverwüstlich, sie wächst dauernd nach.

Auch dieses Doppelmodell der Kunstgeschichte ist weit verbreitet. Es scheint auf den ersten Blick verführerisch, aber im historischen Rückblick müssen wir uns fragen, ob es stimmt. Um in Reinhardts Bild zu bleiben: Wurde Norman Rockwell mehr »gedüngt«, also gefördert und gestützt, als Jackson Pollock? Was war im Fall des Abstrakten Expressionismus die Rolle von Hilla von Rebay, Solomon R. Guggenheim oder Katherine Dreier? Von Abby Aldrich Rockefeller oder Alfred H. Barr? Von Clement Greenberg? Oder sogar vom CIA?[38] Das Fördersystem, das zum Aufstieg des Abstrakten Expressionismus führte, muss hier nicht im Einzelnen ausgeführt werden, um in Erinnerung zu rufen, dass auch in diesem Fall kräftig gesät, gedüngt, gewässert und geerntet wurde. Dieser Einwand schien Reinhardt ebenfalls beschäftigt zu haben. Als er fünfzehn Jahre später, 1961, eine Neuauflage seines Stammbaumcartoons machte, landete Pollock im Maisfeld.

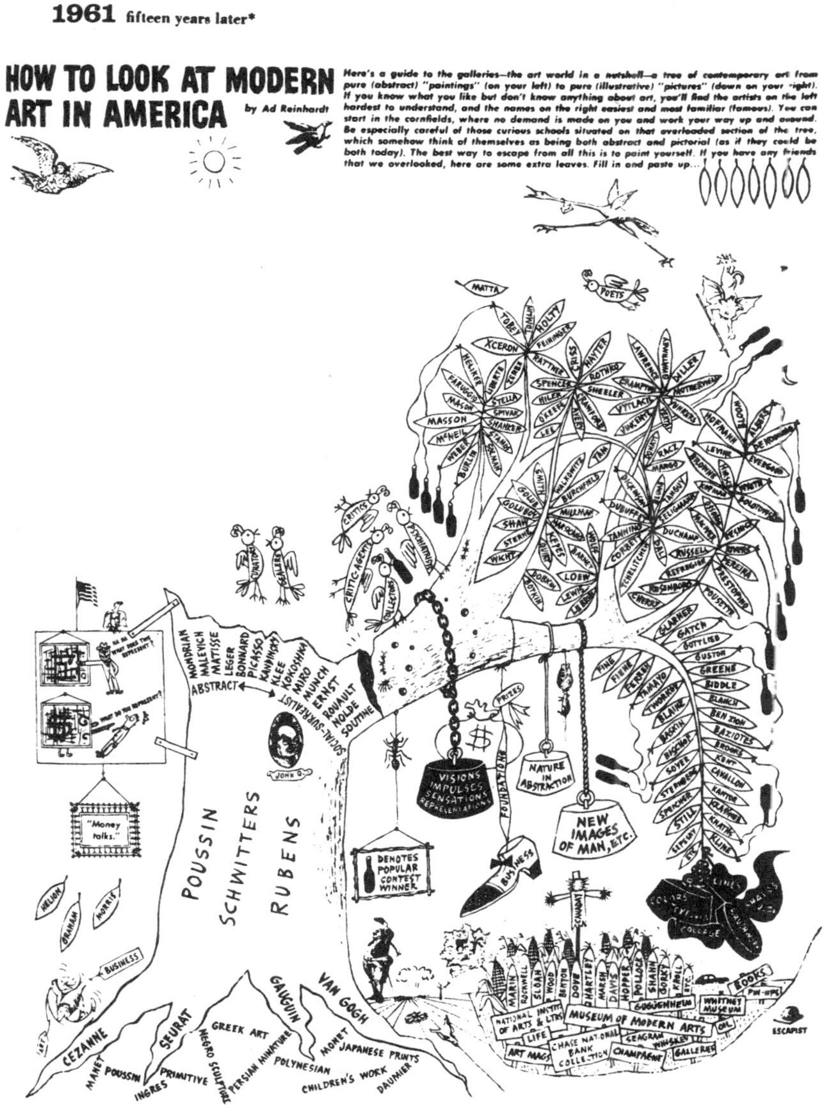

Ad Reinhardts Stammbaum der Kunst von 1961

Auch Reinhardt fiel es also schwer, die Systeme, in denen seine Kollegen – und er selbst – Karriere machten, sauber voneinander zu trennen. Der Baum überdauert die Zeiten, der Mais wird angepflanzt, geerntet, konsumiert und erneut ausgesät. Pollock wies Reinhardt zuerst einen Platz im Baum der Kunstgeschichte zu, bis er ihn ins Maisfeld exilierte; anscheinend warf er ihm vor, sich verkauft oder seine Ideale auf andere Weise verraten zu haben. Wie aber lassen sich Künstlerbiographien beschreiben, ohne in eines dieser beiden Extreme zu verfallen? Ohne Autonomie und Ausverkauf gegeneinander auszuspielen? An dieser Stelle kommt O'Dohertys Haus-Modell der Kunstgeschichte ins Spiel. Seine Vorzüge lassen sich am besten anhand von zwei Beispielen veranschaulichen: den Künstlerbiographien von Georg Baselitz und Jeff Koons.

Beginnen wir mit Georg Baselitz und zwar mit der Galerieausstellung, die den 1938 geborenen Künstler bekannt machte: die Ausstellung in der Galerie Katz & Werner von 1963. Baselitz zeigte dort 52 Werke, Tuschezeichnungen, Aquarelle, aber auch 22 Ölgemälde. Am berühmtesten wurde eines der beiden größten »Die große Nacht im Eimer« (2,50 m auf 1,80 m). Was auf die Ausstellung folgte, ist bekannt. In der Boulevardzeitung *B.Z.* erschien am 3. Oktober ein Artikel mit der Überschrift »Skandal um Ausstellung am Kurfürstendamm – Sittenpolizei greift ein!«. Auf diesem Skandal gründet Baselitz' Ruf, ein Künstlerrebell zu sein. Als er 1966 in der Galerie Springer, ebenfalls in Berlin, ausstellte, wurde die Geschichte auf dem Plakat der Schau erzählt. Seitdem wird sie fast zu jeder Gelegenheit angeführt, wie zum Beispiel im Jahr 2013 im Katalog des österreichischen Essl Museums, eines Privatmuseums des Baumarktkettenbesitzers und Sammlers Karlheinz Essl. Dort heißt es: »Die erste Einzelausstellung in der Galerie Werner & Katz in Berlin wird über Nacht zum Skandal. Von den ausgestellten Bildern werden ›Die große Nacht im Eimer‹ (1962/63) und ›Der nackte Mann‹ (1962) von der Staatsanwaltschaft beschlagnahmt. Der anschließende Prozess endet erst 1965 mit der Rückgabe der Bilder.«[39]

Was über Jahrzehnte nicht bekannt war – und auch bisher in keinem Katalog steht – ist, dass der Staatsanwaltschaft auf die Sprünge geholfen werden musste. Der Skandal war gewünscht. Ein mit dem Galeristen Michael Werner befreundeter Kunstkritiker hatte den Artikel lanciert, der die Beschlagnahmung auslöste. Den Hergang erzählte Werner 2011 rückblickend in einem Interview in *Politik & Kultur*:[40]

> »Nach der Baselitz-Eröffnung saß ich mit Martin Buttig in einer Kneipe. Es wurde viel Bier und Schnaps getrunken und irgendwann sagte er: Noch nie ist irgendein Künstler ohne Skandal berühmt geworden, wir brauchen einen Skandal. Wie er das machen wollte, frage ich ihn. Das sei relativ einfach. Er ging zum Telefon, kam zurück und sagte: Wir haben den Titel! Ich hatte nicht verstanden und um Mitternacht gingen wir nach Hause. Um fünf Uhr rief er an: Ob ich schon Zeitung gelesen hätte? Ich sagte: Nein, ich bin gerade eingeschlafen, sind Sie verrückt geworden? Morgens lese ich dann in der Berliner Zeitung: ›Skandal, Pornographie in einer Galerie am Kurfürstendamm – Staatsanwalt beschlagnahmt zwei Bilder.‹ Das war eine Erfindung.«

Die Staatsanwaltschaft kam also erst wegen des Artikels, nachdem sie von sich in der Zeitung gelesen hatte. Kein Künstler ohne Skandal, das ist natürlich kein Gesetz der Kunstgeschichte. Aber es ist eine Erfolgsformel der Kunst seit dem Aufkommen der Massenmedien, ihre taktische Indienstnahme kann bis zu Edvard Munch ins 19. Jahrhundert zurückverfolgt werden.[41]

Baselitz' erste legendäre Ausstellung ist nicht allein im Hinblick auf den Skandal interessant. Die Schau war der erfolgreiche Versuch, ein Netzwerk zu bilden. Zur Ausstellung erschien ein Katalog, in dem Kunstkritiker und Kunsthistoriker schrieben. Das Geleitwort stammte von Herbert Read, dem legendären englischen Kunstkritiker, Kunsthistoriker, Kunstphilosophen, Kurator, Kunstprofessor, dem langjährigen Herausgeber des

Burlington Magazine, dem Trustee der Tate Gallery und Mentor der englischen Moderne von Henry Moore bis Barbara Hepworth. Einen weiteren Text schrieb der Kunstkritiker Martin Buttig, Baselitz nennt er darin einen »epochalen Maler«, einen »Wundermaler«, einen, der »Konventionen jeder Art, wie sie heute vor die Kunst gesetzt sind, überwunden« hat.[42] Schließlich steuerte auch noch der Schriftsteller Édouard Roditi eine halbe Seite bei, der sich in der Kunst einen Namen durch die Interviews gemacht hatte, die er mit modernen Künstlern von Marc Chagall bis Hannah Höch führte.

Diese Konstellation wirft neues Licht auf den Skandal. Seine Struktur muss anders beschrieben werden. Die Wahrnehmung von Kunstskandalen folgt häufig einem einfachen Schema: Gesellschaft gegen Künstler, Reaktion gegen Fortschritt, Mainstream gegen Außenseiter. Tatsächlich kam der Skandal hier aus dem Zentrum heraus, aus einem Netzwerk, das sich nicht nur die Freunde aussuchte, sondern auch die Feinde, mit denen man Geschichte schreiben wollte.

Auf eine ähnliche Struktur stößt man auch in der Karriere von Jeff Koons. Auf den ersten Blick scheint Koons sein strategisches Vorgehen weniger zu verbergen als etwa Baselitz. Koons, der auch als Broker an der Wall Street gearbeitet hat, präsentiert sich als Popstar, Baselitz dagegen als zurückgezogener Außenseiter. Allerdings legt auch Koons Wert darauf, als autonom handelnder Künstler wahrgenommen zu werden, als würdiger Erbe von Andy Warhol, der die Mechanismen der Popkultur manipulierte, um die Pop Art zum Erfolg zu führen. Dass hinter Koons' Erfolgen allerdings ebenfalls ein Netzwerk von Interessen steht, bleibt häufig unberücksichtigt. Um das Image aufrechtzuerhalten, wird jeweils der Teil übergangen, der nicht dazu passt.

Koons berühmte »Banality«-Werkreihe etwa wird nur unvollständig beschrieben, wenn man sie allein als genialen Marketing-Coup und Angriff auf das etablierte Kunstsystem auffasst, als Absage an eine »Kunst mit großem K«, an eine Kunst von »rein akademischem Interesse«.[43] Die Skulpturen – darunter etwa »Michael Jackson und Bubbles« – wurden 1988 zeitgleich in identischer Ausstattung in drei verschiedenen Galerien gezeigt, bei Ileana Sonnabend in New York, Max Hetzler in Köln und Donald Young in Chicago. Den Ausstellungen ging eine Anzeigenkampagne voraus, die der damals dreiunddreißigjährige Koons in vier Kunstmagazinen schaltete, darunter die Zeitschrift *Artforum*. Der Kunstkritiker und ehemalige Herausgeber von *Artforum* Jack Bankowsky spricht daher von der »unartigen Theatralik der Zwei-Kontinente, Drei-Galerien, Vier-Magazine-Offensive«.[44] War Koons 1988 aber wirklich ein unartiges *enfant terrible*? Verstieß er gegen die Regeln des Kunstsystems?

Ebenfalls erwähnt werden muss, dass der Künstler das akademische System der Kunstgeschichte nicht nur mit den Mitteln der Werbung überrumpelte; er suchte gleichzeitig dessen Nähe. Im selben Jahr, in dem die Galerieausstellungen stattfanden, richtete auch das Museum of Contemporary Art in Chicago eine Ausstellung für Koons aus. Ein Drittel der dort gezeigten Werke gehörte Sammlern aus Chicago. Ihr Interesse an Koons wiederum war geweckt worden, nachdem sich herumgesprochen hatte, dass Charles Saatchi und Adrian und Robert Mnuchin, die bereits zu den weltweit einflussreichsten Sammlern zählten, Arbeiten besaßen.[45] Der Kunstkritiker der *Chicago Tribune*, Alan G. Artner, urteilte anlässlich der Schau, dass hier Sammler und Händler die Karriere eines Künstlers geschmiedet hatten. Trotzdem könne dabei nicht auf die Museen verzichtet werden, da sie notwendig seien, »um die Fantasie aufrecht zu erhalten, dass das letzte Wort über den Wert eines Künstlers unabhängigen Institutionen« zukäme.[46] Teil dieser Fantasie sind natürlich die akademischen Abhandlungen von Kunsthistorikern in Ausstellungskatalogen. Anlässlich der Schau in Chicago verfasste I. Michael Danoff, studierter Literaturwissenschaftler und Direktor des Museums, einen umfassenden kunsthistorischen Essay, in dem Koons' Vorgänger so zahlreich waren wie Mücken in einem Sumpf: John Singleton Copley, Thomas Eakins, William Michael Harnett, Marcel Duchamp, Man Ray, Jasper Johns, Roy Lichtenstein, Haim Steinbach, Kurt Schwitters, Robert Rauschenberg, Dan Flavin, Donald Judd, Pablo Picasso, Francisco de Goya, George Grosz, Ed Kienholz, Leon Golub, Nancy Spero – die Liste ist endlos. Mit Roland Barthes und Jean Baudrillard wurden die Werke liebevoll analysiert, darunter auch der Bezug zur Werbeindustrie. Das wenig überraschende Ergebnis bestand darin, aus Koons einen raffinierten Kommentator der Konsumwelt zu machen, anstatt ihn als Nutznießer zu beschreiben.[47] In seiner kulturkritischen Analyse wurden alle konkreten Bezüge verschwiegen, Sammlernamen kamen im Text ebenso wenig vor wie Preise. Danoff kannte sich gut in dem Feld aus, über das er schrieb – und anscheinend auch in dem, über das er nicht schrieb. Er ist inzwischen Global Art Program Director und Senior Vice President bei Neuberger Berman, einer amerikanischen Investmentgesellschaft. Der Katalog von 1988 hatte eine Auflage von 2.500 Exemplaren und signalisierte die institutionelle und intellektuelle Unterstützung, ohne die auch heute keine Künstlerkarriere vorstellbar ist.

Kurzum: In der Kunstgeschichte gibt es keine Alleingänge, weder die selbsterklärter Bösewichte wie Baselitz, noch die smarter Selbstvermarkter wie Koons. Kunstgeschichte ist ein Gemeinschaftswerk mit Arbeitsteilung – und eben darin liegt die Tugend von O'Dohertys Haus-Modell, das wir – in ausgebauter Form – dem Kapitel vorangestellt haben. Der Markt, das Museum, die Sammler, Kunstkritiker und Kunsthistoriker bleiben darin nicht außen vor, sie können abgebildet werden – als Akteure. Es gibt keine Krone mehr, die einfach wächst, auch keine Wurzeln, die sich von alleine in den Boden hineingraben. Jeder Baum muss bearbeitet werden, um im Haus der Kunstgeschichte seinen Platz zu erhalten, man muss ihn fällen, zersägen und verbauen. In unserem Modell sieht man den »Art Critic«, den »Connector« und den »Art Historian«, die Bretter und Balken zum Haus der Kunstgeschichte tragen. Wer in das Haus der Kunstgeschichte – den Kanon also – einziehen möchte, braucht viele Helfer und Unterstützer. Sie müssen eine Grube ausheben, ein Fundament gießen, Leitungen verlegen, es braucht Kräne, Bagger, Zementmischer. Sie alle sind in diesem Modell verzeichnet. Im Kran sitzt der Kurator, im Bagger der Galerist, das Museum liefert den Zement an, ein Privatmuseum stellt sich gleich dazu. Der Sammler fährt bei der Baustelle vor, während sich die Besucher in einer Schlange anstellen. Die Rolle der Besucher wird häufig unterschätzt, dabei sind sie ein wesentlicher Bestandteil des heutigen Kunstbetriebs. Gäbe es keine Öffentlichkeit, hätten wir auch nicht den Kunstmarkt, den wir haben. Sie garantieren, dass der Kunstbetrieb weiter ausstellen, arbeiten, forschen und verdienen kann. Sie bezahlen auch die Steuern, die in den Unterhalt der öffentlichen Häuser fließen.

In gewisser Weise ist das Haus der Kunstgeschichte der Albtraum jedes Bauherrn. Es ist nie fertig, es wird dauernd umgebaut, verändert, es muss ständig repariert werden, und wer einen Trakt darin erhalten möchte, muss viel dafür tun. »Art Critic«, »Connector«, »Galerist«, »Museum« oder »Art Historian« arbeiten nicht befristet auf dieser Baustelle, sie sind im Dauereinsatz.

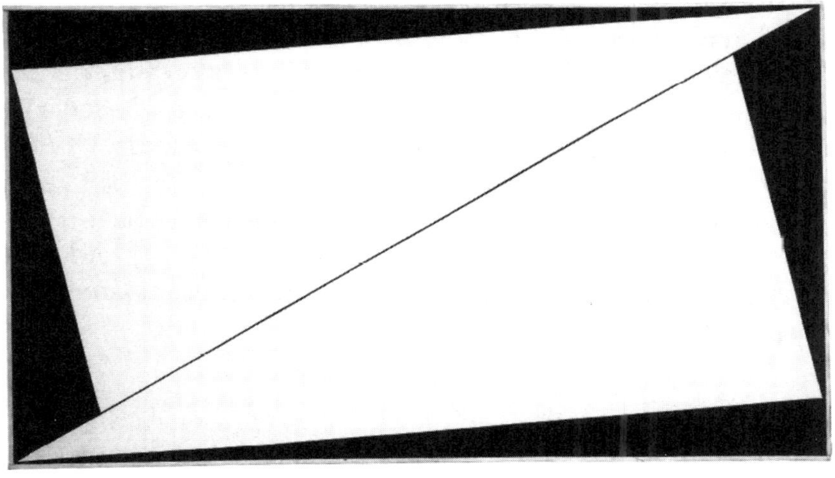

Carmen Herreras Gemälde »Equation« aus dem Jahr 1958

Nicht alle Künstler beschreiben ihren Einzug in die Kunstgeschichte als selbsterrungenen Sieg gegen ein feindliches System. Als etwa die in New York lebende Künstlerin Carmen Herrera im Alter von fast neunzig Jahren entdeckt wurde, sprach sie offen über die Umstände des späten Erfolgs. Bis 2004 verkaufte Herrera, die 1915 auf Kuba geboren wurde und Malerei und Architektur studiert hatte, kein einziges Werk. In diesem

Jahr aber nahm sie auf Vermittlung des befreundeten Malers Tony Bechara an einer Gruppenausstellung der heutigen Frederico Sève Gallery in New York teil. Die guten Kontakte des Galeristen führten zu ersten Verkäufen an private Sammler, große Institutionen wie das MoMA oder die Tate Gallery zogen nach; in Deutschland waren ihre Werke in der Schau des Museums Pfalzgalerie in Kaiserslautern zu sehen.[48] Inzwischen vertritt die in London ansässige Lisson Gallery Carmen Herrera. Für ihren Fall, so Tony Bechara, gebe es in Puerto Rico ein Sprichwort: »Der Bus – la guagua – käme immer für die, die warten.« Carmen Herrera soll darauf lachend geantwortet haben, sie habe »94 Jahre an der Haltestellte« verbracht.[49]

Die Antwort beweist nicht nur Humor. Sie zeigt auch, dass es künstlerische Werke gibt, deren Qualität nicht von der Illusion abhängt, sie seien gegen ein feindliches Umfeld durchgesetzt worden. Herreras Malerei, ihre leuchtenden und streng abstrakten Kompositionen, ihre ungewöhnlichen Hard-Edge-Paintings, brauchen nicht die Geste des Künstlerrebellen. Was aber bleibt von Baselitz' aggressivem männlichen Künstlerbild und der dazugehörigen Kunst, wenn man die Geschichte erzählt, wie sie sich zugetragen hat? Am Haus der Kunstgeschichte kann man nicht klopfen oder klingeln. Es gibt keine Einbrecher, niemand sägt sich durch die Hintertür. Das Haus der Kunstgeschichte betritt man nur mit Anmeldung und ausschließlich durch die Eingangstür – zusammen mit einem Team von Freunden, die das Parkett verlegen.

The Gimpel Model

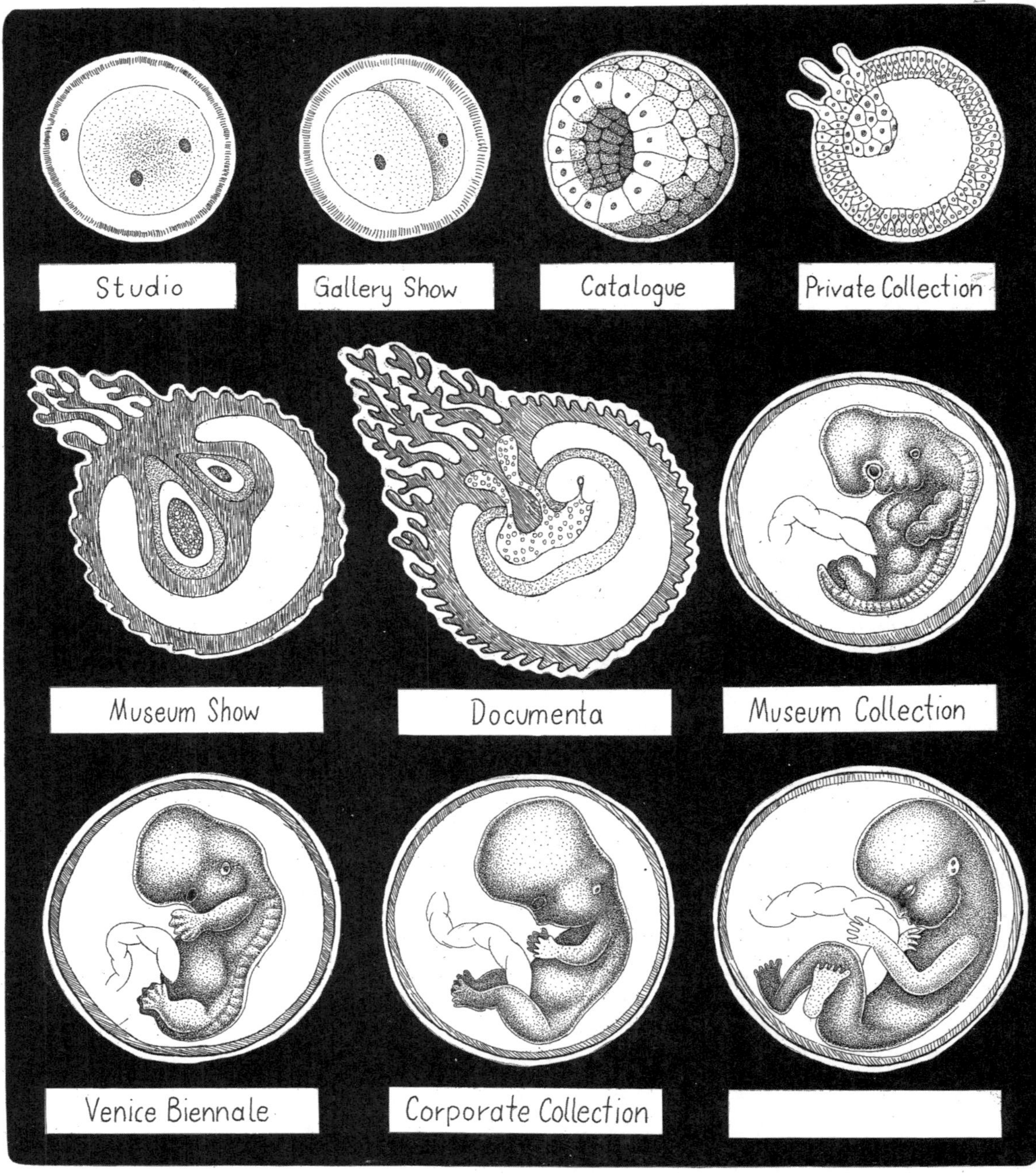

III. Das Gimpel Modell

Oft sind Galeristen nicht nur gute Verkäufer, sondern auch die besten Beobachter des Kunstbetriebs. Da Diskretion jedoch zu ihren wichtigsten Grundsätzen zählt, behalten sie meistens ihr Wissen für sich. Es gibt aber Ausnahmen. Einer, der recht offen darüber sprach, dass niemand im Alleingang zum erfolgreichen Künstler werden kann, war Leo Castelli. Der berühmte amerikanische Kunsthändler, Galerist und Sammler, hatte ein bemerkenswertes Verständnis seiner Rolle. In den 1960er und 70er Jahren gehörte er zu den einflussreichsten Galeristen weltweit, er verkaufte sowohl Werke der Klassischen Moderne als auch des Abstrakten Expressionismus', der Pop oder Minimal Art. Im *New York Times Magazine* beschrieb er 1966 seine Aufgabe wie folgt:

> »Warum sollte irgendwer einen Cézanne für 800.000 Dollar kaufen wollen? Was ist ein kleines Cézanne-Haus inmitten einer Landschaft? Warum sollte es einen Wert haben? Weil es ein Mythos ist. Wir machen Mythen über Politik, wir machen Mythen zu allem, ich muss mit Mythen von 10 Uhr morgens bis 6 Uhr abends arbeiten. In meiner Verantwortung liegt das Mythenmachen aus Mythen-Material – das, wenn man angemessen und ideenreich damit umgeht, die Arbeit des Händlers ist – und ich muss mich dem voll und ganz hingegeben. Einen Mythos kann man nicht bedächtig aufbauen.«[50]

Castellis Offenheit ist verblüffend, und die Frage, die daran anschließt, liegt auf der Hand: Was nämlich wäre das »kleine Cézanne-Haus inmitten einer Landschaft« ohne Mythos? Eine Antwort darauf findet man wieder bei einem Händler, dem Engländer René Gimpel. Er ist Co-Direktor der Galerie Gimpel Fils, die von seinem Vater zusammen mit dessen Bruder gegründet wurde. Außerdem trägt er den Namen seines legendären französischen Großvaters, der im Jahr 1907 zusammen mit seinen

Geschäftspartnern einen Coup landete, der weltweit Aufsehen erregte.[51] Damals erwarb ein Händlerkonsortium, darunter eben jener Großvater René Gimpel, die Altmeistersammlung des in Paris lebenden deutschen Bankers Rodolphe Kann. Die Sammlung umfasste mehr als hundert Gemälde, zu denen beispielsweise auch Vermeers »Schlafendes Mädchen« oder Rembrandts »Aristoteles mit der Büste von Homer« zählten. Beide Werke befinden sich heute im New Yorker Metropolitan Museum of Art. Der Rembrandt galt, als er 1961 für 2,3 Millionen Dollar gekauft wurde, als das teuerste Kunstwerk, das je von einem Museum erworben worden war.[52]

Der Großvater Gimpel machte sich zuerst mit dem Verkauf von Altmeistergemälden einen Namen. Seine Leidenschaft, als Händler, Mäzen, Sammler und Freund galt jedoch bald ebenso Künstlern der Moderne, vor allem der Malerin Marie Laurencin, aber auch Monet, Picasso oder Mary Cassatt. Über diese Zeit führte er ein Tagebuch, das bis heute durch seinen Scharfsinn und Wortwitz besticht. Es wurde posthum unter dem Titel »Journal d'un collectionneur« veröffentlicht. Gimpels Aufzeichnungen endeten 1939, als die Nationalsozialisten Frankreich besetzten. Er, der aus einer jüdischen Familie kam, schloss sich der Résistance an. »Wir sind im Krieg«, lautet sein letzter Eintrag am 2. September des Jahres. Er starb 1944 im deutschen Konzentrationslager Neuengamme. Der Großteil seiner Kunstsammlung wurde von den Nationalsozialisten beschlagnahmt und geraubt. Als seine Söhne die Galerie Gimpel Fils 1946 in London eröffneten, bildete ein Bruchteil der vom Vater zusammengestellten Sammlung den Grundstock. Es handelte sich um französische Werke, die bereits vor dem Zweiten Weltkrieg nach England in Sicherheit gebracht worden waren. In den 1950er und 60er Jahren verhalfen Charles und Peter Gimpel zahlreichen englischen Künstlern zum Durchbruch, vor allem der sogenannten St Ives School, darunter Barbara Hepworth und Ben Nicholson; wesentlich trugen sie auch zum Erfolg der abstrakten Malerei der École de Paris bei. Bis heute zeigt die Galerie sowohl zeitgenössische Kunst als auch solche der Klassischen Moderne.

Kaum ein Galerist kann auf eine derart beeindruckende Familientradition zurückblicken wie der 1947 geborene René Gimpel. Ob es an dieser generationenübergreifenden Erfahrung im Umgang mit Kunst liegt, dass er im Jahr 2000 in einem Aufsatz einen sehr weitgehenden Vergleich zog? Er schrieb:

> »Im Atelier ist ein Bild im Larvenstadium. Das scheinbar fertige Gemälde befindet sich noch im embryonalen Zustand des Werdens. Was es wird, hängt davon ab, wie es konsumiert wird, aber nur durch den Konsum kann es seine Bestimmung erfüllen."[53]

Was ist nach Gimpel ein Gemälde ohne Mythos? »Only a chrysalis« – eine Puppe, eine Larve. Gimpel vergleicht das Kunstwerk mit einem Lebewesen, keinem ausgewachsenen, selbstständigen allerdings, sondern einem, das auf Hilfe angewiesen ist, das gewärmt und genährt werden muss, um zu überleben. Wir wollen diese Sicht auf die Kunst das »Gimpel Model« nennen. Es geht noch über das Haus-Modell hinaus. Nach Gimpel sind die Akteure untrennbar mit dem Kunstwerk verbunden. Die Larve verharrt in der Puppe wie der Embryo im Mutterbauch, von den Nährstoffen lebend, die ihn umgeben. Gimpel spricht von »consumption«, dem Konsum oder Verzehr. Galeristen, Sammler, Kuratoren, Museumsdirektoren, Kritiker, Kunsthistoriker, Betrachter – sie sind die Proteine, Aminosäuren oder der Sauerstoff, ohne die es kein Wachstum gebe. Über den Stoffwechsel der Kunst schrieb Gimpel weiter:

> »Obwohl der Markt mehr als das Netzwerk der Privatgalerie umfasst, kommt keine Kunst von Bedeutung an diesem Netzwerk vorbei, da Kunst nur ihr wesentliches Publikum – seien es private, öffentliche oder Firmensammlungen – durch den Akt des Austauschs erreichen kann.«[54]

Gimpel war nicht der einzige, der Kunstwerke mit Organismen in einem frühen Entwicklungsstadium verglich. Auch der amerikanische Kunstkritiker Clement Greenberg schrieb 1939 in dem bereits erwähnten Essay zu »Avantgarde und Kitsch« von der »goldenen Nabelschnur«. Durch sie, so Greenberg, sei die Avantgarde mit eben jenem Teil der Gesellschaft verbunden, von der sie sich »abgeschnitten wähnte«: der herrschenden Klasse, der Elite.[55]

In diesem Sinne lassen sich die Stufen der Embryonalentwicklung von Gimpels Modell als eine Blaupause für Künstlerkarrieren verstehen. Als Ad Reinhardt 1946 seinen ersten Stammbaum der Kunst veröffentlichte, forderte er die Betrachter auf, selbst leere Blätter mit den Namen von Künstlern zu füllen, die zu Unrecht vergessen worden seien, um sie an den Baum zu heften: »Fill in and paste up«.[56] Die gleiche Aufforderung zum Mitmachen könnte man auch Gimpels Modell voranstellen. Es eignet sich hervorragend dazu, die einzelnen Schritte von Künstlerkarrieren nachzuvollziehen – beispielsweise der von Georg Baselitz.

Was passierte, als seine Gemälde das Atelier verließen? Im Jahr 1963 fand, wie bereits erwähnt, die erste Ausstellung in der Galerie Werner & Katz in Berlin statt; ein Katalog erschien. Es gab ein großes Medienecho, den Skandal, aber auch Berichte in der *Frankfurter Allgemeinen Zeitung* oder im *Spiegel*. Bis 1969 allein folgten elf Galerieausstellungen. Baselitz wurde Stipendiat und Preisträger der Villa Massimo in Rom und des Kulturkreises im Bundesverband der Deutschen Industrie. Spätestens Ende der 1960er Jahre wurden seine Bilder von bedeutenden Privatsammlern angekauft, etwa von Franz Prinz von Bayern, der 1965 den sogenannten »Galerie-Verein« mitbegründete; der Verein unterstützt und finanziert in München die Sammlung Moderne Kunst und die Staatliche Graphische Sammlung. Auch der Unternehmer Karl Ströher zählt zu seinen Sammlern. Beraten wurde Ströher von den Galeristen Franz Dahlem und Heiner Friedrich, die sich 1968 einen großen Namen machten, indem sie ihm die berühmte Pop-Art-Sammlung des Amerikaners Leon Kraushar für 425.000 Dollar verkauften.[57] Die erfolgreichen Galeristen vertraten auch Baselitz' Werk in München.

Die erste Einzelausstellung für Baselitz in einem Museum fand 1970 statt, im Kunstmuseum Basel. Auch ein Katalog erschien dazu. Es folgen so viele Galerie- und Museumsausstellungen, dass man den Rest dieses Kapitels mit ihrer Nennung bestreiten könnte. Insofern sollen hier nur die weiteren Etappen im Kunstsystem aufgeführt werden: In den Jahren 1972, 1977, 1982 war Baselitz auf der documenta in Kassel mit Werken vertreten – und natürlich auch im Katalog und in der Berichterstattung. Spätestens als das Sammlerehepaar Irene und Peter Ludwig 1976 seine Sammlung der Stadt Köln stiftete und das Museum Ludwig gegründet wurde, gingen Werke von Baselitz in Museumssammlungen ein; Ludwig hatte zum Beispiel das Gemälde »Die große Nacht im Eimer« gekauft. Im Jahr 1980 vertrat Georg Baselitz zusammen mit Anselm Kiefer Deutschland auf der Biennale in Venedig. Kuratiert wurde der Pavillon von Klaus Gallwitz, dem damaligen Direktor des Frankfurter Städel Museums, der auch Berater der Kunstsammlung Deutsche Bank war. Von 1981 an kaufte die Deutsche Bank, eine der großen deutschen »corporate collections«, Werke von Baselitz.

Das Unterstützernetzwerk für Baselitz ist bisher nicht Gegenstand einer eingehenden Analyse geworden. Bis heute wird er häufig als Außenseiter beschrieben, was – ganz gleichgültig, ob man seine Kunst für gut oder schlecht hält – sachlich falsch ist. Gleich zu Beginn des Films »Georg Baselitz. Ein deutscher Maler« von 2012 sagt der Künstler über sich selbst: »Ich war jemand, der wirklich sehr wild war. Das bringt sehr viele Nachteile.« Welche Nachteile das sein sollen, muss man sich hier fragen. Gegen Erfolg ist nichts einzuwenden. Nur kann man nicht in Heerscharen gegen den Strom schwimmen. Man ist der Strom.[58]

Gimpels Modell, den Vergleich zur Embryonalentwicklung kann man als Aufforderung verstehen, eine Sozialgeschichte der Kunst zu schreiben, die von den Künstlern, den Produzenten, auf die Werke der Kunst ausgedehnt wird. Künstlerkarrieren fallen nicht vom Himmel, die Karrieren von Kunstwerken ebenso wenig. Häufig leugnen jedoch diejenigen, die am meisten von den Privilegien, der Förderung und Unterstützung profitieren, am hartnäckigsten deren Existenz. Es ist daher vielleicht kein Zufall, dass wir einer Frau, der Barockmalerin Artemisia Gentileschi, ein frühes Bild verdanken, dass nicht nur die Kunst selbst zum Thema hat, sondern auch ihre Produktionsbedingungen. Frauen mussten sich mit der Frage, wie man es zu Erfolg im Kunstbetrieb bringt, bis weit ins 20. Jahrhundert hinein grundlegend beschäftigen. In Deutschland oder Frankreich erhielten sie erst nach dem Ersten Weltkrieg die Erlaubnis, an einer Kunstakademie zu studieren. In den Jahrhunderten zuvor, als die Künstlerausbildung noch in den Händen von in Zünften organisierten Familien lag, waren es ebenfalls meist die Jungen, die das Handwerk erlernten. Artemisia, die 1593 als Tochter des Malers Orazio Gentileschi in Rom geboren wurde, war eine Ausnahme – und malte aus diesem Grund ein Ausnahmebild.

In dem Gemälde, das sich heute in der Londoner Royal Collection befindet, stellt Gentileschi einerseits die Allegorie der Malerei dar, die Verkörperung der Malkunst also. Andererseits malt sie sich selbst, eine Künstlerin in der Werkstatt, mit Pinsel und Palette, die Hände schmutzig, die Haare in Auflösung begriffen. Wenige Jahre zuvor – das Gemälde entstand vermutlich in den Jahren 1638/39 – war sie an den Hof König Karls I. nach London eingeladen worden, wo ihr Vater bereits als Hofmaler arbeitete. Gentileschi befand sich auf der Höhe ihres Erfolgs, zahlreiche Attribute, die sie ihrem Porträt beigab, entnahm sie Cesare Ripas Werk »Iconologia«, dem berühmten ikonografischen Wörterbuch. Die goldene Maske an einer Kette etwa, die Ripa der Allegorie der Malkunst zuordnete, trägt auch Gentileschi; die Maske symbolisiert die Fähigkeit der Kunst, die Wirklichkeit nachzuahmen. Die ungeordneten Haare verweisen auf den genialischen Rausch des Kunstschaffens. Bei Gentileschi stehen sie aber natürlich für mehr: die Möglichkeit nämlich, überhaupt Künstlerin zu sein. Es sind ihre Haare, die sich beim Malen aus dem Knoten lösen, vor der Staffelei, in einer Werkstatt. Nur wer die Chance erhält, das Handwerk zu erlernen, zu arbeiten, zu üben, die Umwelt zu vergessen, sich zu vertiefen und schmutzig zu machen, kann von der Muse der Malkunst geküsst werden.

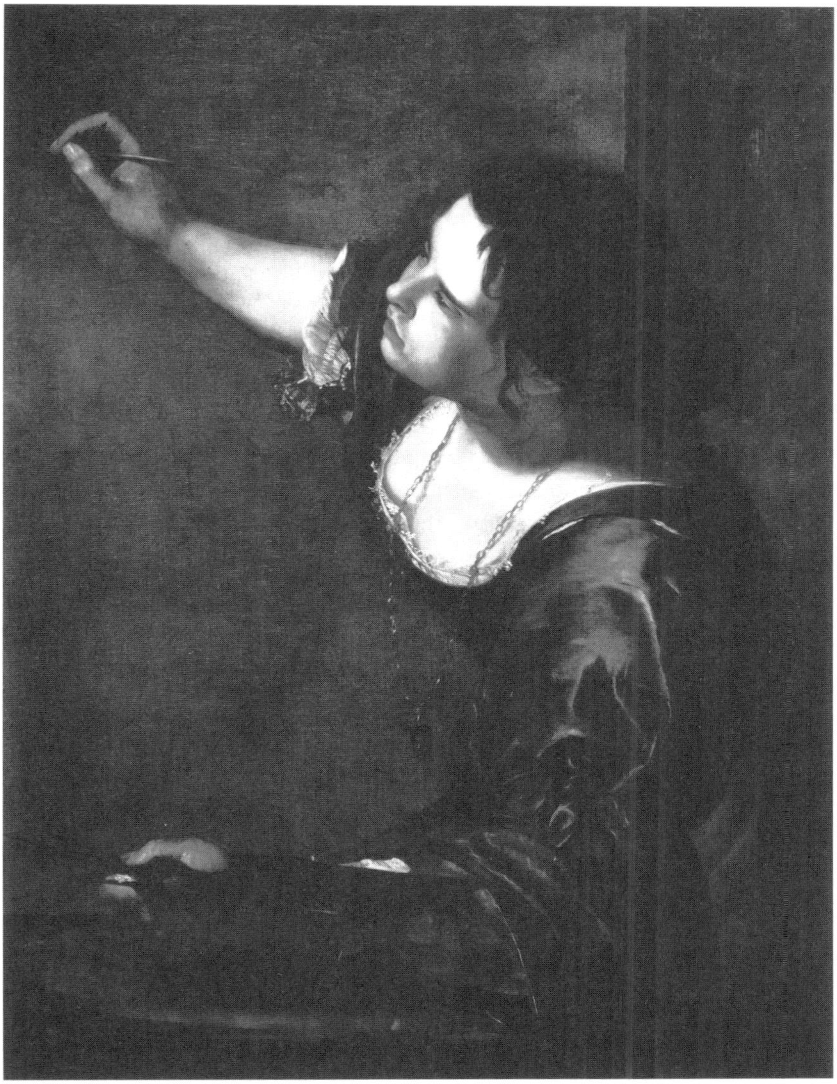

»Allegorie der Malerei« von Artemisia Gentileschi, um 1638/39

»Ein Zimmer für sich allein«, schrieb Virginia Woolf in ihrem berühmten Essay 1929, sei die Grundbedingung, um Literatur schreiben zu können. Eine Ausbildung und Werkstatt braucht es mindestens, um Kunst zu schaffen. Gentileschi malte mit diesem Doppelbildnis, in der sie das Allegorische und Reale verschmolz, eine »allégorie réelle« – wie es der französische Maler Gustave Courbet zweihundert Jahre später nannte.

Künstler haben immer wieder die Entstehungs-, Produktions- und Rezeptionsbedingungen in ihren Werken dargestellt oder auch reflektiert und es wäre eine reizvolle Aufgabe, die Geschichte der Kunst systematisch daraufhin zu untersuchen. Diese Erzählung könnte mit den Stifterbildern des Mittelalters beginnen und über Artemisia Gentileschis »allégorie réelle« bis in die Gegenwart führen, zu den Werken der amerikanischen Künstlerin Louise Lawler – etwa der Fotografie »Pollock and Tureen, Arranged by Mr. and Mrs. Burton Tremaine, Connecticut« von 1984. Jede Epoche bringt natürlich andere Voraussetzungen für das Kunstschaffen mit sich. Das öffentliche Museum etwa ist eine verhältnismäßig junge Einrichtung, die in zahlreichen Publikationen inzwischen aufgearbeitet worden ist.[59] Weitaus weniger Aufmerksamkeit hat bisher eine andere und ebenfalls recht junge Erfindung des Kunstsystems erhalten: der Katalog.[60] Seine Geschichte würde auch lohnen, geschrieben zu werden, vor allem wenn man sich Gimpels Modell folgend für den Werdegang von Werken interessiert. Ihre Karriere hängt entscheidend davon ab, ob sie in einer Ausstellung gezeigt werden und ein Katalog ihre Teilnahme bleibend bezeugt.

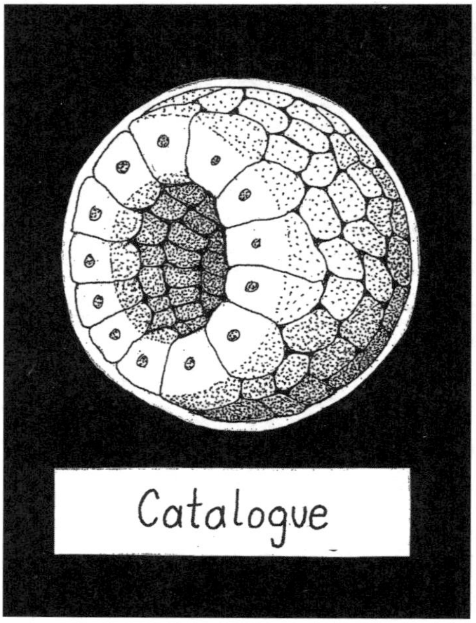

Da wir dem Katalog im »Gimpel Model« eine eigene Station zugewiesen haben, soll die Frage, was er leistet, im Folgenden etwas ausführlicher erörtert werden.

Wie die Abbildung »Ein gut angelegter Schilling« im ersten Kapitel zeigt, gab es bereits in der ersten Hälfte des 19. Jahrhunderts Veröffentlichungen, die als »Katalog« bezeichnet wurden. Diese Broschüren enthielten jedoch weder Bilder noch Texte, sondern nur die Namen der Künstler und die Titel der Werke. Auch der Kunsthistoriker Heinrich Wölfflin verstand, als er 1907 »Über Galeriekataloge« schrieb, darunter Veröffentlichungen, welche die wesentlichen Informationen zu Kunstwerken zusammentragen und allenfalls eine kurze Beschreibung derselben liefern. Die Vorstellung, ein Katalog könne »ästhetische Analysen [...] oder gar Qualitätsbestimmungen« geben, fand Wölfflin abwegig.[61] Den lange Zeit bilderlosen Katalogen standen Publikationen gegenüber, die druckgraphische Reproduktionen von Gemäldesammlungen vereinten und die »Galeriewerk«, »Tableaux« oder »Theatrum Pictorium« genannt wurden.[62] Dem heutigen Verständnis dessen, was ein Katalog ist, entsprechen erst die Veröffentlichungen aus dem Hause von Paul Durand-Ruel im 19. Jahrhundert, dem Händler und Galeristen, der zum wichtigsten Förderer der Impressionisten wurde.[63] Zu den Neuerungen, die Durand-Ruel im Galeriewesen einführte, gehörten Publikationen, in denen Kritiker oder Kunsthistoriker über Künstler und Werke der Galerie schrieben. Der Schriftsteller Armand Silvestre etwa verfasste 1873 die Einleitung für einen Katalog, der Gemälde von Monet, Pissarro und Sisley zeigte. Durand-Ruels Beispiel folgten einige Galeristen nach, darunter auch Alfred Flechtheim, der zu den einflussreichsten Förderern von Avantgardekunst in der Weimarer Republik zählte. Flechtheim produzierte nicht nur Kataloge zu seinen Ausstellungen, sondern gab von 1921 an eine eigene Zeitschrift mit dem Titel *Der Querschnitt* heraus. Flechtheim mag auch hier von Durand-Ruel inspiriert worden sein, dessen 1869 gegründete Zeitschrift *Revue Internationale de l'Art et de la Curiosité* allerdings nach knapp zwei Jahrgängen wieder eingestellt wurde.

Heute werden die aufwändigsten Kataloge in der Regel von Museen hergestellt. Dass sie eine wichtige Rolle spielen, zeigt schon die Ausführlichkeit, mit der Auktionshäuser jede Nennung in einem Ausstellungskatalog listen, die sich auf das zu versteigernde Objekt bezieht. Helfen Kataloge aber wirklich Kunsthistorikern und Kritikern bei der Arbeit?

Die Bedeutung eines Katalogs zu Werken der Gegenwartskunst beruht auf mindestens zwei Eigenschaften: Zum einen verleiht er dem flüchtigen Ausstellungsformat Dauer. Bilder werden abgehängt, sie reisen, kehren in die Privatsammlungen zurück, aus denen sie gekommen sind, sie werden verkauft oder verschwinden im Depot – genauso wie Skulpturen, Videos, Zeichnungen oder Installationen. Im Katalog bleiben sie sichtbar, noch dazu in den wechselnden Kontexten, in denen sie Ausstellung für Ausstellung erscheinen. Inzwischen bringt das Internet die Abbildungen der Kunstwerke auf dem schnellsten Weg zum Betrachter, der Gang zur Bibliothek wird damit häufig überflüssig. Die zweite Eigenschaft des Katalogs ist aber weiterhin bedeutend geblieben: Hier wird das Werk mit der kunsthistorischen Wärme versorgt, die unerlässlich für sein Wachstum ist. Mit Blick auf die Museumsausstellungen hielt der hier bereits zitierte amerikanische Kunstkritiker Alan G. Artner fest, dass diese notwendig seien, »um die Fantasie aufrecht zu erhalten, dass das letzte Wort über den Wert eines Künstlers unabhängigen Institutionen« zukäme.[64] Diesen Eindruck verdoppelt der Katalog. Die Beiträge verfassen häufig Kunsthistoriker, Experten also, die zumeist in öffentlichen Einrichtungen wie dem Museum, der Universität oder der Kunsthochschule arbeiten. Ihre Stimme gilt als unabhängig, ihr Blick auf die Kunstgeschichte ebenfalls.

Trotzdem ist es ein Trugschluss zu glauben, das Genre des Katalogbeitrags sei ein neutrales. In den meisten Fällen ist die Bedingung dafür, beauftragt zu werden, eine positive Bewertung. Ausnahmen kommen nur vor, wenn der Künstler bereits verstorben ist: Als etwa das Städel Museum eine Ausstellung zum Werk Emil Noldes zeigte, beschäftigten sich zahlreiche Texte im Katalog mit der NS-Vergangenheit des Künstlers.[65] Ein

Katalogbeitrag zu einem zeitgenössischen Künstler kann aber nie ein negatives Urteil beinhalten. Kunsthistoriker, die auf der Suche nach Informationen über einen Künstler sind, sollten daher bedenken, dass sich Kataloge, Grabreden nicht unähnlich, ausschließlich auf das Gute beschränken, das sich über eine Person oder ein Werk sagen lässt. In vielen Fällen liefern die Künstler selbst die Koordinaten des Schemas mit, innerhalb dessen sie interpretiert werden möchten. Das Kataloglob kann offen enthusiastisch ausfallen, es kann sich historisch einkleiden, indem schmeichelhafte Parallelen in der Kunstgeschichte gezogen werden. Christian Demand, der Herausgeber der Zeitschrift *Merkur*, schrieb, dass »sich im Grunde kein Mensch dafür interessiert, was er [der Katalogautor, J.V.] zu sagen hat, sofern nur das Lob möglichst kataraktartig über Künstler und Werke herniederregnet«.[66]

Umgekehrt wäre es undenkbar, dass ein Autor zu dem Schluss käme, ein Künstler sei überbewertet, womit ein weites Spektrum der Information und Analyse von vornherein abgeschnitten ist. Als Beispiele seien hier zwei Fälle angeführt: Im Jahr 1987, anlässlich der Ausstellung in der Kunsthalle Hamburg, zog Werner Hofmann, der Kunsthistoriker und damalige Direktor des Hauses, im Katalog die Linie von Baselitz zurück zu Kandinsky, Caspar David Friedrich und schließlich Ovid.[67] Die Bildung solcher Ahnenreihen scheint eine der Hauptaufgaben von Katalogbeiträgen zu sein. Unwahrscheinlich ist jedoch, dass in einem Katalogbeitrag zu lesen wäre, dass Baselitz kein Außenseiter war, sondern von Anfang an durch ein gut organisiertes Netzwerk gestützt und gefördert wurde. Unwahrscheinlich wäre gleichermaßen, so das zweite Beispiel, dass ein Katalogbeitrag zur Frankfurter Ausstellung von Jeff Koons im Jahr 2012 thematisierte, dass 22 von 88 gezeigten Werken seinem Galeristen Larry Gagosian und dessen Kunden gehörten. Oder dass nur drei von 88 Werken aus öffentlichen Sammlungen kamen und damit 96 Prozent der Werke aus Privatbesitz stammten. In dem doppelbändigen Katalog, der anlässlich der Schau im Liebieghaus und in der Schirn Kunsthalle Frankfurt erschien, verfassten unter anderem die Kunsthistoriker Andreas Beyer, Monika Wagner und Walter Grasskamp Beiträge. Die Kunsthistorikerin und Kunstkritikerin Isabelle Graw wählte das Format des Interviews. Eine ihrer Fragen an Jeff Koons betraf die Gagosian Gallery, die weltweit elf Filialen unterhält, unter anderem in London, Genf und Hong Kong; nach Schätzungen des *Wall Street Journal* liegen die Umsätze bei einer Milliarde Dollar. Vom Künstler wollte Graw wissen, welchen Einfluss es auf seine Arbeit habe, von einer »über ein globales Imperium verfügenden Galerie wie Gagosian« vertreten zu werden. Jeff Koons antwortete: »Ich spreche hier mit dir über eine Ausstellung im Liebieghaus und in der Schirn Kunsthalle.«[68] Ganz offensichtlich wollte er über die kommerzielle Seite seines Tuns nicht sprechen. Er hätte auch sagen können: Das geht euch gar nichts an.

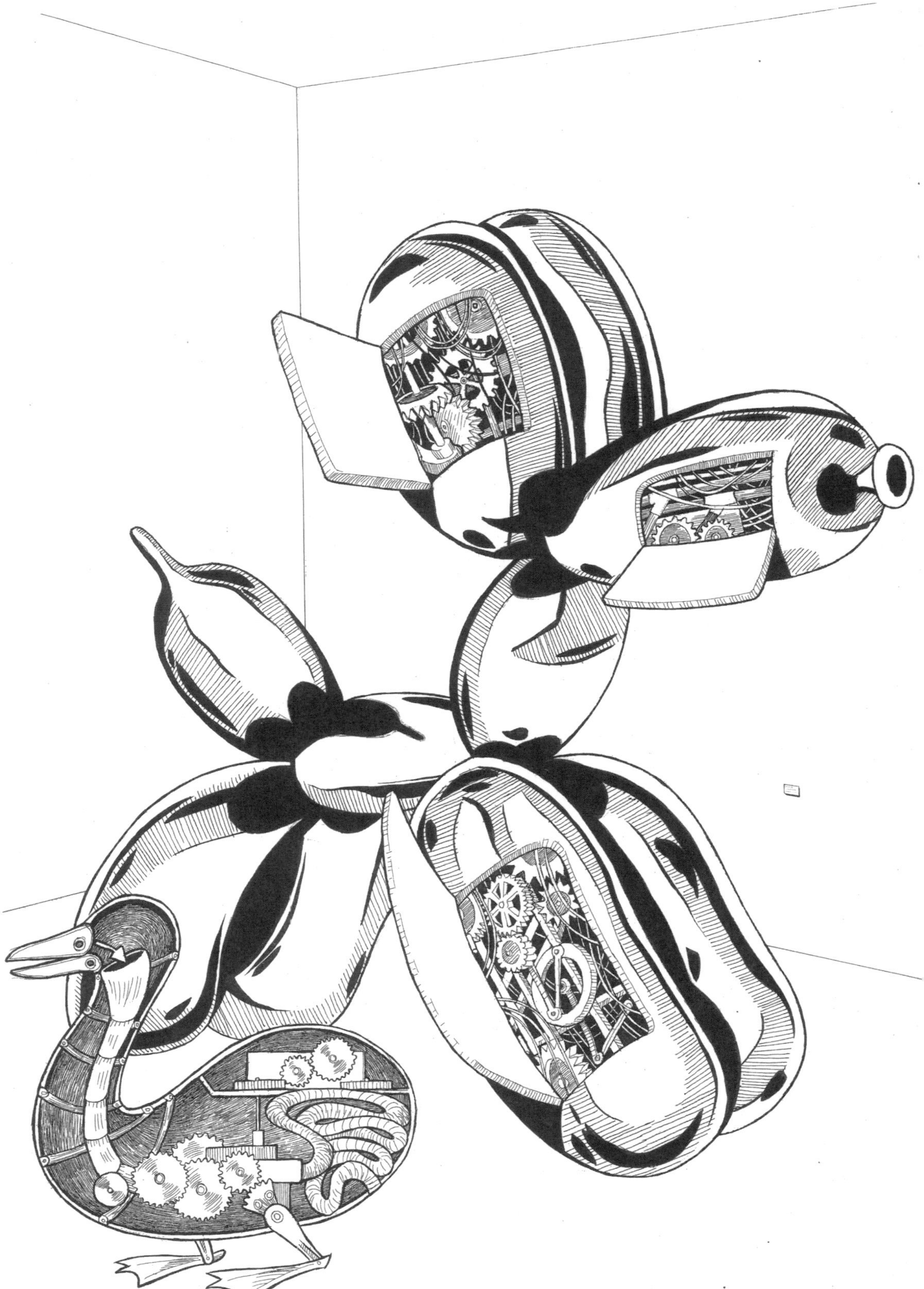

IV. Das Vaucanson Phänomen

Als Jacques de Vaucanson, das zehnte Kind eines Handschuhmachers aus Grenoble, vor weit mehr als zweihundert Jahren seine neueste Erfindung vorstellte, bestand kein Zweifel darüber, dass es sich nicht nur um ein Kuriosum, ein Einzelstück handelte, sondern um ein Modell. Das zahlende Publikum, das 1739 den Saal betrat, den Vaucanson angemietet hatte, um seine spektakulären Objekte vorzuführen, sah sich einer Ente gegenüber, die als »mechanische Ente« in die Geschichte eingehen sollte. Das Tier war federlos, es besaß kein Geschlecht und ein Bad im Teich hätte es für immer zerstört. Es wog vermutlich ein Vielfaches seines natürlichen Vorbilds. Sein Körper bestand aus Metall, er war geschmiedett und vernietet, im Inneren surrten Rädchen und Hebel. Wie alle Automaten von Vaucanson, wie sein Flöten- oder Tamburinspieler, besaß auch die Ente eine besondere Gabe, mit der sie alle für sich einnahm: Sie wirkte lebendig. Sie watschelte, quakte, schnatterte, sie pickte Körner auf und schied sie, zum Erstaunen des Publikums, verdaut wieder aus. Wer sie sah, konnte sie, sollte sie für ein autonomes Wesen halten. Voltaire, der Schriftsteller und Philosoph, pries den Erbauer als »Rivale[n] des Prometheus«, der die »Triebkräfte der Natur« nachahme, um »das Feuer der Himmel zur Belebung der Körper zu nehmen«.[69] Julien Offray de La Mettrie, ein Arzt und Philosoph, der ebenfalls Vaucansons Automaten gesehen hatte, veröffentlichte knapp ein Jahrzehnt darauf seine Schrift »L'Homme Machine«, in der er den Menschen zur Maschine erklärte. Die Krone duldete, nachdem auch der Hof eine Vorführung gesehen hatte, nicht länger, dass Vaucanson sein Talent als Unterhalter vergeudete. Er wurde auf den Posten des Generalinspektors der Seidenmanufakturen Frankreichs berufen. Er blieb auch dort Erfinder. Vaucanson baute nun Seidenspinnmaschinen, Walzsysteme und einen Webautomaten, der gemusterte Seiden produzierte.

Die Kunsthistorikerin Birgit Schneider hat auf den bedeutenden Unterschied hingewiesen, der Vaucansons Webautomaten von seinen Spielautomaten trennte. Der Webautomat war nicht nur nützlich. »Im Gegensatz zu den Androiden«, so Schneider, gab er »seine nackte Mechanik den Augen seiner Betrachter offen preis«.[70] Kein Entenkörper, keine Musikantentracht, nur eine große Lochwalze, Nocken, Stiftwalzen, Pleuelstangen, Zahnräder, Greifer, Klemmen, die Kett- und Schussfäden, ein Schiffchen. Keine Ablenkung, keine Täuschung. Was die Ente dagegen im Inneren zusammenhielt, was sie bewegte, war verborgen geblieben. Einige Historiker glauben sogar, dass die Ente in ihren künstlichen Gedärmen die aufgenommenen Körner nicht selbst zerkleinerte und verarbeitete. Stattdessen soll sie über ein Geheimfach verfügt haben, in dem sich bereits pürierte Nahrung befand, die nach außen gepresst wurde. Demnach wäre es Vaucanson nicht gelungen, Verdauung zu simulieren.

Vaucansons Ente hat nachfolgende Generationen beschäftigt, sie tut es bis heute. La Mettrie diente sie als Modell, um den Menschen zu erklären, in den 80er und 90er Jahren des vergangenen Jahrhunderts wurde sie als früher Botschafter eines Simulationszeitalters verstanden, deren Erbauer mit anschließenden Erfindungen wie dem beispielsweise Webautomaten sogar die digitale Revolution einläutete.

Anhand von Vaucansons Ente kann man aber auch lernen, ein wesentliches Phänomen des Kunstbetriebs zu verstehen: dass es eine Schauseite gibt, die viel Aufsehen erregt, und ein Innenleben, das verborgen bleiben soll. Das Äußere wirkt lebendig, so als ob es sich aus eigener Kraft fortbewege und als gebe es kein Kalkül, keinen Plan. Welche Hebel umgelegt werden, soll unsichtbar bleiben. Nur wenn durch eine Indiskretion oder ein Missgeschick Licht ins Dunkel fällt, zeigt sich, dass ebenso viel Energie darauf verwendet wird, die Mechanik zu verbergen wie sie unaufhörlich in Bewegung zu halten. Auf Künstlerkarrieren bezogen heißt das: ihr Erfolg hängt häufig von Maßnahmen ab, die eisern beschwiegen werden.

Zum Maßstab des Erfolgs wurde in den vergangenen Jahren zunehmend der Preis eines Kunstwerks. Der Soziologe Pierre-Michel Menger wies daraufhin, dass es inzwischen üblich sei, den »Börsenwert des modernen Künstlers zum Qualitätssignal zu überhöhen«.[71] Die Kunsthistorikerin Isabelle Graw geht noch weiter. Sie schreibt: »Im Augenblick sehen wir uns jedoch mit einer Situation konfrontiert, in der der Marktwert einer künstlerischen Arbeit allein dazu in der Lage ist, ihr zu symbolischer Bedeutung zu verhelfen.«[72] Dafür, das Teuerste mit dem Besten zu verwechseln, gibt es viele Gründe; der einfachste ist naheliegend. Der Preis wird als Gradmesser für die Anerkennung eines Werks im Kunstbetrieb angesehen, als Signal der Experten. Nach dieser Logik wäre ein Kunstwerk deswegen teuer, weil es so viele haben wollen. Der Kunstmarkt kennt aber auch eine andere Logik. Je teurer ein Kunstwerk ist, desto mehr wollen es haben. Und deshalb lohnt es sich, viel dafür zu tun, die Preise steigen zu lassen.

Der Zusammenhang von Markt- und Symbolwert lässt sich gut am Beispiel von Jeff Koons' Skulptur »Balloon Dog (Orange)« studieren. Das Werk wurde 2013 in New York durch das Auktionshaus Christie's versteigert und erzielte die Rekordsumme von 58,4 Millionen Dollar. »Balloon Dog« stieg damit zum weltweit teuersten Werk eines lebenden Künstlers auf. »The stage is set to make history«, verkündete Christie's im Vorfeld der Auktion etwa auf einer ganzseitigen Anzeige in der *New York Times*. Der Künstler selbst bezeichnete sein Werk als Trojanisches Pferd. In der Pressemitteilung wurde Koons mit folgenden Worten zitiert:

> »Es [das Kunstwerk, J.V.] beschäftigt sich mit dem Feiern und der Kindheit und der Farbe und der Einfachheit – aber es ist auch ein Trojanisches Pferd. Es ist ein Trojanisches Pferd für die Gesamtheit der Kunstwerke.«

Wie die Ente von Vaucanson hat auch das Trojanische Pferd eine Hülle, die das Innere verbirgt. Die Griechen schenkten bekanntlich das hölzerne Tier den Trojanern, als sie das Ende der Belagerung vortäuschten. Es wurde in die Stadt gezogen, die Freude war groß, bis nachts die Griechen aus dem Pferdebauch kletterten und Trojas Stadttore von innen für ihr Heer öffneten. Wer sind die einfallenden Griechen in Koons' Vergleich?

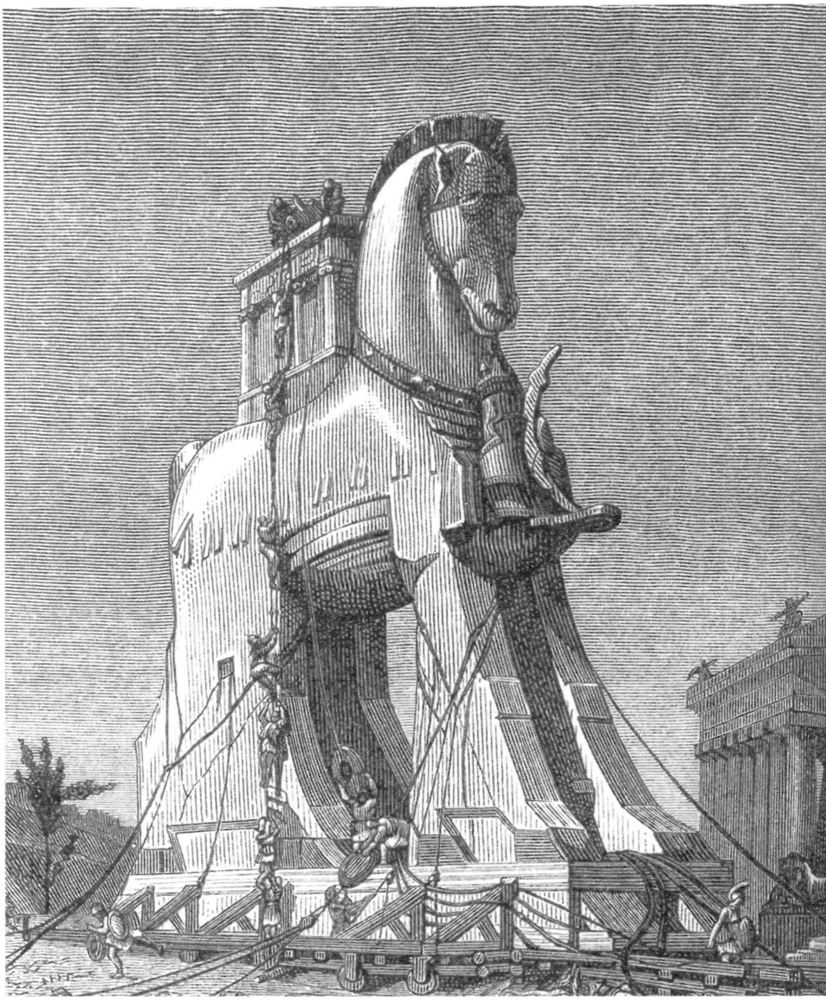

Das Trojanische Pferd in einer Illustration zu Homers »Ilias«

Wer die getäuschten Trojaner? Darauf gab der Künstler keine Antwort, im Gegenteil. Er führte den Vergleich zum Trojanischen Pferd nicht in einer aufklärerischen Absicht ein, etwa um im Vorfeld der Auktion die Mechanismen der Preisbildung und Wertsteigerung zu analysieren, die ihm, als ehemaligem Broker geläufig sind. In dem angeführten Zitat geht es allein darum, das Kunstwerk zunächst mit einer Reihe von positiv besetzten Begriffen zu assoziieren: »Feiern«, »Kindheit«, »Farbe«, »Einfachheit«. Diese Begriffe sind austauschbar, sie könnten auch aus der Werbung eines Innenausstatters stammen, als dessen Sohn Koons übrigens 1955 in York, Pennsylvania, geboren wurde. Der Vergleich zum Trojanischen Pferd taucht ebenfalls im Auktionskatalog auf. Dort bildet Christie's ganzseitig, dem »Balloon Dog« gegenübergestellt, eine Illustration zu Homers »Ilias« ab, die das Trojanische Pferd zeigt. Eine Seite später folgt Leonardo da Vincis Rötelzeichnung eines Pferds. Die Stahlskulptur, die Geschichte schreiben soll, wird also umringt von Werken, die bereits Geschichte geschrieben haben.

Diese Bildvergleiche müssen natürlich bereits als Strategien der Wertschöpfung angesehen werden. Die Ausstellungen von Jeff Koons, wie der Kulturhistoriker Wolfgang Ullrich schreibt, gleichen häufig einem »dreidimensionalen Auktionskatalog: [...] im Frankfurter Liebieg-Haus durfte Jeff Koons seine Skulpturen so verteilen, dass sie mit einem Mumiensarg oder einer chinesischen Tonfigur korrespondierten, nachdem dieselben Werke drei Jahre zuvor im Schloss in Versailles gezeigt worden waren, wo sie inmitten der höfischen Kunst glänzten«.[73]

Koons' Vergleich zum Trojanischen Pferd kann man jedoch auch zum Anlass nehmen, sich zu fragen, was hier verborgen werden soll. Gibt es eine Strategie, einen Plan, der nicht öffentlich kommuniziert wird? Welche Rädchen drehen sich im Inneren?

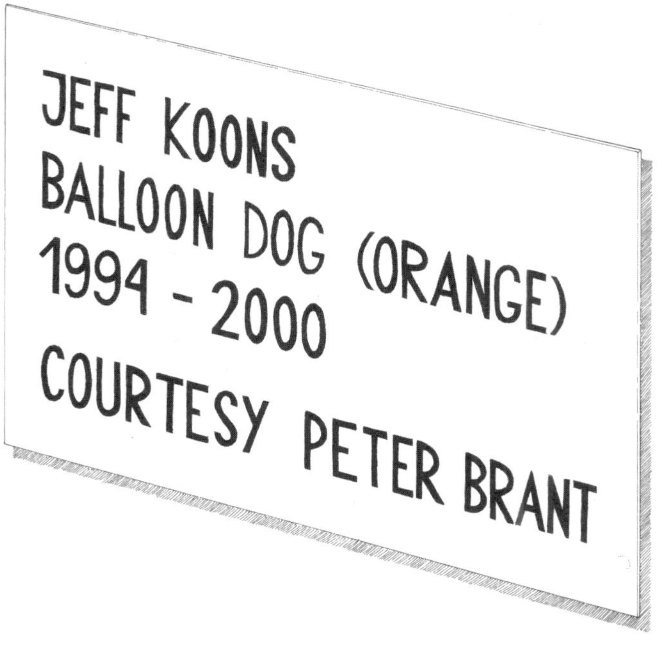

Bei der Auktion des »Balloon Dog« lautete das Ziel, den eigenen Preisrekord zu brechen, der bei 33,6 Millionen Dollar für die Skulptur »Tulips« lag. Der Hund sollte nun zwischen 35 und 55 Millionen Dollar kosten. Man erwarte, so die Pressemitteilung, dass die Auktion den »gegenwärtigen Rekord des Künstlers« übertreffen werde.

Eigentümer der Skulptur war Peter Brant, ein amerikanischer Unternehmer und Sammler, der sie in den 1990er Jahren von Anthony D'Offay, dem Galeristen, Händler und Sammler, erworben hatte. Normalerweise kann es passieren, dass ein Werk den unteren Schätzpreis verfehlt; es darf dann zum sogenannten »Mindestpreis« verkauft werden, einer Summe, die vertraulich zwischen dem Verkäufer und dem Auktionshaus vor der Versteigerung vereinbart wird. Falls auch dieser unterboten wird, geht das Objekt an den Besitzer zurück.

Der Fall »Balloon Dog « lag anders. In starker Vergrößerung zeigen wir hier die Symbole, die sich neben dem Titel im Katalog befinden und im Original so kleingedruckt sind, dass man sie leicht übersehen kann.

o ♦

In der Legende am Ende des Katalogs wird ihre Bedeutung ausgeführt: Falls ein Objekt mit »o♦« gekennzeichnet sei, heißt es dort, hätten dritte Parteien Christie's Garantie des Mindestpreises übernommen.[74] Beides, sowohl die Namen der Personen, die den Mindestpreis garantieren, als auch die Höhe des Preises, sind streng vertraulich. Die »third party«, die »dritte Partei« hat jedoch alle Freiheiten, ins Geschehen weiter einzugreifen. Wie es in den ebenfalls ausgeführten Bestimmungen heißt: »Die dritte Partei darf auch für das Los bieten.«

Diese Hinweise ändern die Sachlage. Bei der Auktion war nach Christie's Angaben zu erwarten, dass der bisherige

Rekord für ein Kunstwerk von Koons übertroffen werden würde. Es gab aber von Anfang an eine dritte Partei, die den Mindestpreis garantierte. Der Mindestpreis darf nicht über dem unteren Schätzwert liegen, in diesem Fall 35 Millionen Dollar; er darf aber gleichauf liegen. Bei dieser Auktion hätten auch 34 Millionen Dollar als Mindestpreisgarantie gereicht und der neue Preisrekord für einen Koons wäre so sicher gewesen wie das Amen in der Kirche. Die dritte Partei, deren Identität unbekannt ist, kann viele Gründe für das Arrangement haben. Es kann sich beispielsweise um einen Investor handeln, der darauf spekuliert, dass der Mindestpreis überboten wird. Ist das der Fall, wird der Garantiegeber an diesem Gewinn prozentual beteiligt. Die Höhe der Beteiligung ist unbekannt. Ist der Garantiegeber selbst der Höchstbietende, zieht das Auktionshaus die zuvor vereinbarte Gewinnbeteiligung vom Preis ab. Die reale Kaufsumme liegt dann deutlich unter dem Höchstgebot.

Es gibt aber noch weitere Möglichkeiten. Üblicherweise sichern sich die Auktionshäuser die Garantien von reichen Sammlern und Händlern, berichtet die *New York Times*, von denen einige deshalb einwilligen, weil die Garantie dabei helfen kann, »den Wert eines Künstlers, in den sie investiert haben, zu bewahren«.[75] Auf Nachfrage bestätigte auch Christie's, dass sowohl Sammler von Koons als auch seine Galeristen die Garantie für »Balloon Dog« hätten geben dürfen. Ob sie es taten, blieb geheim. Angesichts solcher Aktivitäten hinter den Kulissen schreibt meine Kollegin Rose-Maria Gropp, das Schauspiel der Auktion sei »seit einiger Zeit ausgehöhlt, durchzogen mit Seitengängen wie ein Maulwurfsbau, von dem auch immer nur der Hügel an der Oberfläche sichtbar ist«.[76]

Die Investition in einen hohen Auktionspreis zahlt sich auf doppelte Weise aus. Zum einen werden Auktionen dafür genutzt, um Preise zu etablieren. Die wenigsten Kunstwerke sind in den Galerien ausgeschildert. Was wieviel kostet, wird ungern verraten, aus dem einfachen Grund, dass Händler und Galeristen sich aussuchen können wollen, an wen sie verkaufen und zu welchem Preis.[77] Einen öffentlichen Richtwert setzen dagegen Auktionen fest, weshalb zahlreiche Personen viel dafür tun würden, dass dieser Preis möglichst hoch liegt. Ein guter Auktionspreis ist die Sonne, die auf alle Planeten im System scheint. Umgekehrt kann ein niedriger Preis zum schwarzen Loch werden.

Um wieviel mehr sich die Strahlkraft verstärkt, wenn nicht nur ein hoher Preis, sondern ein Rekordpreis erzielt wird, zeigt »Balloon Dog«. Mit 58,4 Millionen Dollar stieg die Skulptur zum teuersten Werk von Jeff Koons auf – und gleichzeitig zum teuersten eines lebenden Künstlers. Der alte Rekord von 37 Millionen Dollar für Gerhard Richters Gemälde »Domplatz, Mailand«, der auf einer Sotheby's-Auktion erzielt wurde, gehörte der Vergangenheit an – selbst dann wenn der Käufer von »Balloon Dog« der Garantiegeber gewesen sein und die wirkliche Kaufsumme damit deutlich unter 58,4 Millionen Dollar gelegen haben sollte. [78]

Bereits vor der Auktion wurde für den »evening sale« des Werks mit einer teuren Kampagne geworben. Nach der Auktion erhielten, ohne auch nur einen Cent extra zu bezahlen, der Käufer und alle Besitzer von Koons-Werken, der Künstler mit eingeschlossen, eine globale Werbekampagne. Bis in den letzten Winkel der Welt erfuhr nach der Auktion jeder, der ins Internet ging, das Radio oder den Fernseher einschaltete, ein Magazin oder eine Zeitung aufschlug, vom teuersten Gegenwartskunstwerk der Welt. »Balloon Dog« wurde millionenfach reproduziert. Das teuerste Kunstwerk stieg in den Kreis der berühmtesten auf. Sollte sich das Geschäft nicht gelohnt haben?

Auktionen gleichen häufig also weniger einem unkalkulierbaren Vulkanausbruch, auch wenn sie im Vorfeld von den Veranstaltern so beworben werden. Sie sind in einigen Fällen in einem erstaunlichen Maße planbar. Spekulationsgeschäfte gibt es aber nicht nur auf dem Auktionsmarkt, sondern auch im Kunsthandel. Allerdings erfahren wir dort nur davon, wenn es zu massiven Unstimmigkeiten kommt, durch Gerichtsprozesse etwa. In New York verklagte im Herbst 2012 der amerikanische Milliardär und Kunstsammler Ronald Perelman den Händler und Galeristen Larry Gagosian, zu dessen Kunden laut dem *New York Magazine* weitere Multimilliardäre und Megasammler wie

Leon Black, François Pinault, Victor Pinchuk, Eli Broad oder Steve Cohen zählen.[79] Durch Perelmans Klage erhielt die Öffentlichkeit Einblick in jene Geschäftspraktiken der Galerie, über die Jeff Koons im Interview mit Isabelle Graw nicht sprechen wollte. Gegenstand der Auseinandersetzung war eine unvollendete Granitskulptur mit Namen »Popeye« von Jeff Koons. Perelman gab an, die Skulptur im Mai 2010 für vier Millionen Dollar von Gagosian gekauft zu haben. Als sich jedoch abzeichnete, dass »Popeye« zum vereinbarten Liefertermin im Dezember 2012 nicht fertig würde, trat Perelman vom Kauf zurück. Er verlangte von Gagosian eine Gutschrift von weit mehr als vier Millionen, da sich die Preise für Jeff Koons' Werke dramatisch erhöht hätten. Perelman bezichtigte darüber hinaus Koons und Gagosian eines Geheimabkommens, das dem Künstler »siebzig Prozent des Verkaufspreises über vier Millionen zubilige und gar achtzig Prozent, wenn Gagosian die Skulptur vor ihrer Vollendung erst zurück- und dann weiterverkaufe«.[80]

Den Antrag, den Künstler Jeff Koons über die Preisentwicklung seiner »Popeye«-Skulptur zu befragen, hat Perelman inzwischen zurückgenommen. Das Gericht gestatte ihm jedoch, Beweise für den Verdacht zu sammeln, dass Gagosian Preise anderer Werke bei Tauschgeschäften manipuliert habe.[81]

Im Fall Koons drehte sich der Streit um Spekulationserwartungen und die Frage der Preispolitik. Alle Parteien verhandelten über ein Werk, das bis dahin nur auf dem Papier existierte. Sein Wert stieg, ohne dass es jemand gesehen hatte. Die Nähe zu Wertpapieren könnte größer nicht sein. Perelman glaubte sich um einen Gewinn geprellt, den er sich beim Kauf eines anderen Kunstwerks bei Gagosian anrechnen lassen wollte. Koons wollte dagegen sicherstellen, dass er – sollte das Abkommen zwischen ihm und Gagosian wirklich existiert haben – an den Gewinnen in hohem Maße beteiligt sein würde.

Darüber hinaus könnte eine solche Übereinkunft den Anreiz für den Galeristen senken, die Werke zu schnell und zu häufig hin- und herzuverkaufen. Die Preisentwicklung ist ein wichtiger Bestandteil der Karriereplanung. Zu steil ansteigende Preise, die auf Gewinnabsichten von Spekulanten schließen lassen, gelten im Kunstsystem als rufschädigend. In der Börsensprache nennt man das schnelle Kaufen und Verkaufen von Anlagen »flipping«. »Flip Artists« heißen Künstler, von denen man annimmt, dass ihre Werke auf Auktionen durch Händler oder Händlerkonsortien hochgetrieben werden, um sie dann abzustoßen und die Gewinne einzustreichen. Betroffen sind davon meist junge Künstler, die Gefahr laufen, »verbrannt« zu werden.

Gleichgültig jedoch, welche Strategie der Preissteigerung verfolgt wird, zeichnet jede davon das Vaucanson-Phänomen aus: Wie Vaucanson wollen weder Jeff Koons noch Gagosian, dass wir die Maschine verstehen. In diesem Sinne berichtet auch der amerikanische Kunstberater Stefan Simchowitz, den die Zeitschrift *Monopol* als »Inbegriff des Spekulanten« bezeichnete, Käufe anonym zu tätigen, »weil ich nicht will, dass andere herausfinden, was ich kaufe, [...]«.[82] Während Koons gerne und viele Interviews gibt, schweigt er – wie auch sein Galerist – hartnäckig über Geld, Netzwerke, Spekulation und Strategien.

Warum aber sollte uns das überhaupt interessieren? Warum sollten sich Kunsthistoriker und Kunstkritiker damit beschäftigen? Dafür gibt es mindestens zwei Gründe. Zum einen nehmen private Sammler oder Galerien einen erheblichen Einfluss darauf, welche Künstler und Werke in den Kanon eingehen. Sie geben Geld für Ausstellungen, sie finanzieren Kataloge, sie leihen Werke an Museen oder schenken sie; sie unterstützen Erweiterungsbauten von Museen oder errichten eigene Privatmuseen. Ihr Geschmack und ihre Interessen prägen also die Kunstgeschichte von morgen. Vor diesem Hintergrund lohnt es sich festzustellen, dass wir es – historisch betrachtet – mit einem neuen Sammlertypus zu tun haben. Private Sammler mögen schon immer die Kunstgeschichte mitgeschrieben haben. Einer Analyse des Kunstsoziologen Ulf Wuggenig zufolge, die er in dem Buch »Das Kunstfeld. Eine Studie über Akteure und Institutionen der zeitgenössischen Kunst« veröffentlichte, kommt jedoch inzwischen fast ein Drittel der zweihundert reichsten Kunstsammler aus dem Investmentbanking und -management. Für diesen Befund hat Wuggenig die Liste des amerikanischen

Kunstmagazins *ARTnews* aus dem Jahr 2010 ausgewertet. Auf der Basis von Interviews mit Sammlern, Galeristen, Kuratoren, Kunstberatern, Museumsdirektoren und Angestellten von Auktionshäusern werden dort die weltweit einflussreichsten Sammler ermittelt. Die Finanzelite ersetzt demnach die Kunst sammelnden Zahnärzte und Rechtsanwälte, die man nicht romantisch verklären muss, um zu erkennen, dass mit den neuen Sammlern, wie Wuggenig schreibt, der »kalkulierende Habitus« wächst. Ein Hedgefondsmanager weiß besser, wie man Geld in Kunst anlegt und damit spekuliert, als ein Mediziner oder Jurist. Durch die Nutzung von Kunst als Teil von Anlagestrategien und durch die Vermögen der sogenannten Megasammler sind die Summen, die für zeitgenössische Kunst ausgegeben werden, dramatisch gestiegen[83] und ein »enormes Volumen an ökonomischem Kapital [drängt] in die Welt der Kunst«.[84] Nimmt nur das Einkommen der 0,1 Prozent Spitzenverdiener um ein Prozent zu, erhöhen sich die Preise auf dem Kunstmarkt um 14 Prozent. Diesen Zusammenhang kommentiert die Künstlerin Andrea Fraser wie folgt: »[...], es ist unbestreitbar, dass die Welt der Gegenwartskunst direkt von Ungleichheit profitiert, für die die maßlosen Gewinne an der Wall Street nur das auffälligste Beispiel sind«.[85]

Das Internet befördert diese Entwicklung. In den Back-Offices der großen international tätigen Galerien sind heute zahlreiche Angestellte damit beschäftigt, Sammler mit Informationen über die Künstler zu versorgen und Bilddateien von Werken zu verschicken. Dadurch steigt die Konkurrenz unter den Sammlern, die von allen Kontinenten aus gleichermaßen Zugriff auf die Kunst haben. Das Geschehen gleicht in vielerlei Hinsicht dem Börsenbetrieb. Man muss den Enthusiasmus des amerikanischen Kunsthändlers Jeffrey Deitch, der vorübergehend das Museum of Contemporary Art in Los Angeles leitete, nicht teilen, um seiner Beschreibung der sammelnden Kunstinvestoren zu folgen:

> »Diese Hedgefonds-Leute sind brillant. Sie lassen sich sehr gut und professionell beraten, und sie haben Unmengen an Informationen über Preise, die Herkunft und den Zustand [von Kunstwerken, J.V.] und so weiter, die sie über das Internet erhalten.«[86]

Diese Veränderungen sind mehr als ein Rumpeln hinter den Kulissen. Die Kunst der Spekulation schlägt sich auch in der Kunstproduktion nieder, sie hat eine ästhetische Dimension; und das ist der zweite Grund, warum sich Kunsthistoriker und Kritiker dafür interessieren sollten. Mit Blick auf die »Flip Artists« schrieb etwa der Journalist Scott Reyburn in der *New York Times* von einer »Flip-Art-Ästhetik«. Die Malerei von Künstlern wie Parker Ito, Dan Rees, Lucien Smith oder Oscar Murillo habe viele Gemeinsamkeiten. Die Bilder seien vorwiegend großformatig, auffällig und zahlreich, außerdem abstrakt, wobei die Geschichte der Malerei anspielungsreich aufgegriffen werde. Während die Massenproduktion den Künstlern erlaubt, so viel wie möglich einzunehmen, bietet sie Kunstinvestoren die Gelegenheit, eine Vielzahl von Werken zu erwerben und ihre Preisentwicklung, gleich der von Waren oder Aktien, in Datenbanken wie »Artnet« zu verfolgen.[87]

»Flipping« ist ein Phänomen, das üblicherweise in den mittleren Preissegmenten des Kunstmarkts stattfindet. Für das Gemälde »Artex Painting« von Dan Rees wurden beispielsweise im April 2014 beim Auktionshaus Philipps 56.250 englische Pfund gezahlt. Großformatige Malerei, man denke an die Werke Richters, Baselitz' oder auch Doigs, spielt jedoch ebenfalls in den Top-Preislagen eine wichtige Rolle. Und natürlich ist die Größe von Kunstwerken auch jenseits der Malerei das Kennzeichen des gegenwärtigen Epochenstils, der sogar die Kunstproduktion auf den Osterinseln in den Schatten stellt. Wer die Gewichts- und Quadratmeterzahlen aktueller Kunstwerke und Galeriebauten vergleicht, wird feststellen können, dass in den vergangenen Jahren die Kunstwerke ebenso wie die Galeriebauten ins Maßlose gewachsen sind. Den Rekordumsätzen in den Auktionshäusern entsprechen Rekordzahlen bei Höhe,

Gewicht und Herstellungskosten der Werke. Wie mein Kollege Niklas Maak und ich in einem Artikel argumentiert haben, ist die Ankündigung des englischen Künstlers Damien Hirst in der südwestenglischen Grafschaft Devon eine Stadt errichten zu wollen, passender Ausdruck dieses Gigantismus': Der Künstlername Hirst bietet das Branding für ein Investitionsprodukt, das ebenso gut eine Skulptur, Installation oder ein Gemälde sein könnte. Nach Angaben der Pressesprecherin ist Hirst einer von fünf Initiatoren des Bauvorhabens; ihm gehöre ein Teil des Grunds, auf dem die Stadt verwirklicht werden soll. Mit den Architekten seiner Idealstadt, Rundell Associates, hat der Künstler bereits zuvor zusammengearbeitet. Für die Galerie White Cube, die auch Hirst vertritt, planten sie den Umbau eines Lagerhauses und einen temporären Ausstellungsbau, in dem 2005 dreißig großformatige Gemälde des deutschen Malers Anselm Kiefer gezeigt wurden. Für Hirst selbst entwarfen Rundell Associates eine massive Brücke zwischen seinen Studios, die ein Gewicht von mehr als 2,5 Tonnen pro Quadratmeter aushalten muss, damit, so die Architekten auf ihrer Website, schwere Kunstwerke zur Verladerampe gebracht werden können; ein Kran wurde fest im Atelier montiert.[88]

Nun könnte man einwenden, dass Strategien, um die Preise für Kunstwerke in die Höhe zu treiben, in der Kunstgeschichte nicht unbekannt sind. Größe und Material spielten zu allen Zeiten eine Rolle. In ihrem Buch »Die Kunst der Künste. Erinnerungen an die Malerei« schreibt die Malerin und Schriftstellerin Anita Albus etwa über Ultramarinblau, ein mineralisches Pigment, das aus dem Halbedelstein Lapislazuli gewonnen wird und von Händlern mit Gold aufgewogen wurde.[89] Je mehr Ultramarin ein Maler verwendete – sei es für den Mantel der Madonna oder den Himmel über einem Paradiesgarten – desto höher lag der Wert des Bildes. Dieselbe Gleichung gilt auch für die Verwendung von Gold, dessen Einsatz aufwändige Verträge zwischen Künstler und Auftraggeber regelten, die der Kunsthistoriker Michael Baxandall für das Italien des 15. Jahrhunderts beschrieben hat.[90] Wer allerdings anhand solcher Beispiele aus vorangegangenen Epochen Vergleiche zur Gegenwart zieht, darf zwei wesentliche Unterschiede nicht außer Acht lassen. Zum einen, dass kein Fürst, keine Königin und kein Bischof in der Renaissance oder dem Barock auf die Idee gekommen wäre, Kunstwerke zu kaufen, um sie später wieder teurer zu verkaufen. Weder der Adel noch die Kirche spekulierten mit Kunst. Wer weiß, was sie uns für eine Art von Kunst oder Architektur hinterlassen hätten, wenn sie nicht nur auf Macht, Anerkennung und Verherrlichung, sondern auch auf Gewinne aus gewesen wären. Die Sixtinische Kapelle sähe sicherlich anders aus. An unbeweglichen Wandgemälden, die an einem Ort verharren müssen und nur schwer den Besitzer wechseln können, kann kein Investor Interesse haben.

Der zweite Unterschied: Wir leben in einer Demokratie. Weltweit stellen demokratische Staaten erhebliche Summen für öffentliche Museen und Ausstellungshäuser bereit, aus dem Glauben heraus, dass es im Sinne des Gemeinwohls sei, Kunst zu sammeln und zu zeigen. Sollen wirklich Millionen von Steuergeldern in ein System fließen, dessen Gewinne von Investoren abgeschöpft werden?

Im Kunstbetrieb haben sich zwei Welten herausgebildet: eine kleine, exklusive und eine große, die man Öffentlichkeit nennt. In der ersten geht es ganz selbstverständlich um Kapitalanlagen, Investitionsobjekte, Spekulation oder Marketing. Von der zweiten verlangt man jedoch allen Ernstes, nur Augen für die »reine Kunst« zu haben. Von dem Betriebsgeheimnis des Kunstsystems profitieren nur wenige. Wer kein Interesse an seiner Wahrung hat, sollte mithelfen, es zu lüften.

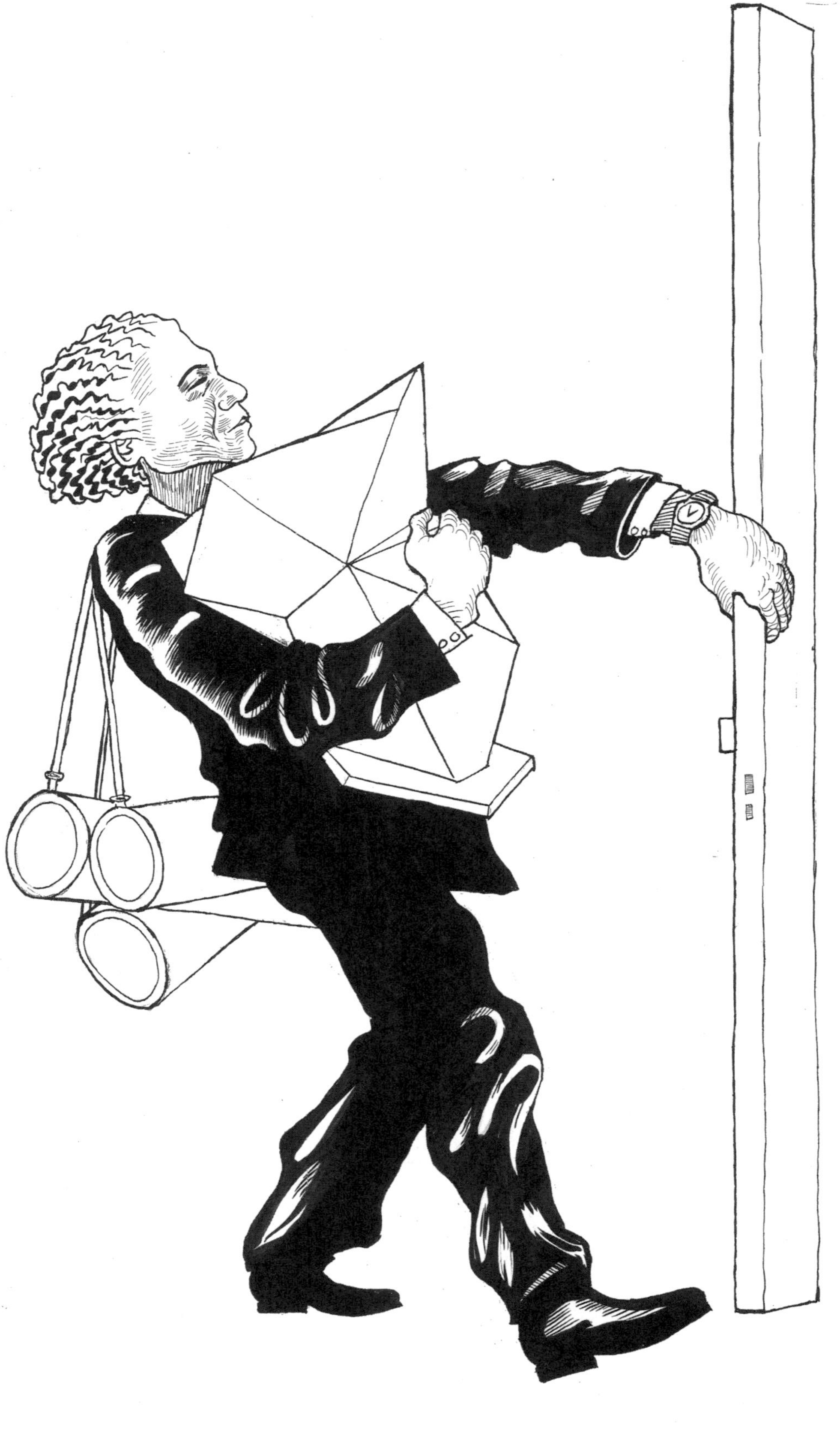

V. Klotz

Was lässt die Preise auf dem Kunstmarkt steigen? Was bringt sie zum Fallen?

Diese Frage muss in vielen Fällen spekulativ beantwortet werden, da wir nur selten erfahren, für welche Summe ein Kunstwerk ge- und verkauft wird. Händler und Galeristen sprechen nicht gerne mit Dritten über Preise, insbesondere, wenn es Werke betrifft, mit denen sie selbst handeln. Olav Velthuis, Journalist und Soziologe, hat sich mit diesem Schweigen und den vielfältigen Motiven dafür eingehend beschäftigt.[91] Nicht weniger schmallippig sind jedoch Museumsdirektoren bei diesem Thema. Dafür haben sie mindestens zwei gute Gründe. Zum einen bezahlen sie, zumindest was zeitgenössische Kunst anbetrifft, häufig weniger, da es im Interesse der Künstler und Galeristen liegt, dass Werke in Museumssammlungen eingehen. Aus ihrer Sicht ist es natürlich nicht wünschenswert, dass man diese reduzierten Preise publik macht und sie damit zum regulären Marktpreis erklärt. Zum anderen empfindet die Öffentlichkeit selbst die reduzierten Preise häufig als überraschend hoch. Je nachdem, aus welchen Töpfen sich die Mittel für den Ankauf speisen, kann also eine Debatte über Sinn und Unsinn solcher Ausgaben drohen.

Diese Diskussion ist noch dazu durch die Geschichte vorbelastet, da es die Nationalsozialisten waren, die, als 1937 die Propaganda-Ausstellung »Entartete Kunst« in München eröffnete, bei den Werken die Kaufpreise angaben. Genannt wurden die hohen Beträge, die Museen in Inflationszeiten gezahlt hatten, eine Diffamierungsstrategie, die den Eindruck der Verschwendung erzwingen sollte. Dass sich nach 1945 kaum ein Museum dieser vergifteten Auseinandersetzung stellen wollte, kann man niemandem vorwerfen.

Trotz des weit verbreiteten Schweigens und trotz der guten Gründe dafür gibt es zum Glück eine Ausnahme, die uns in diesem Kapitel beschäftigen wird: Heinrich Klotz. Er lehrte Kunstgeschichte an der Universität Marburg, wurde 1979 Gründungs-

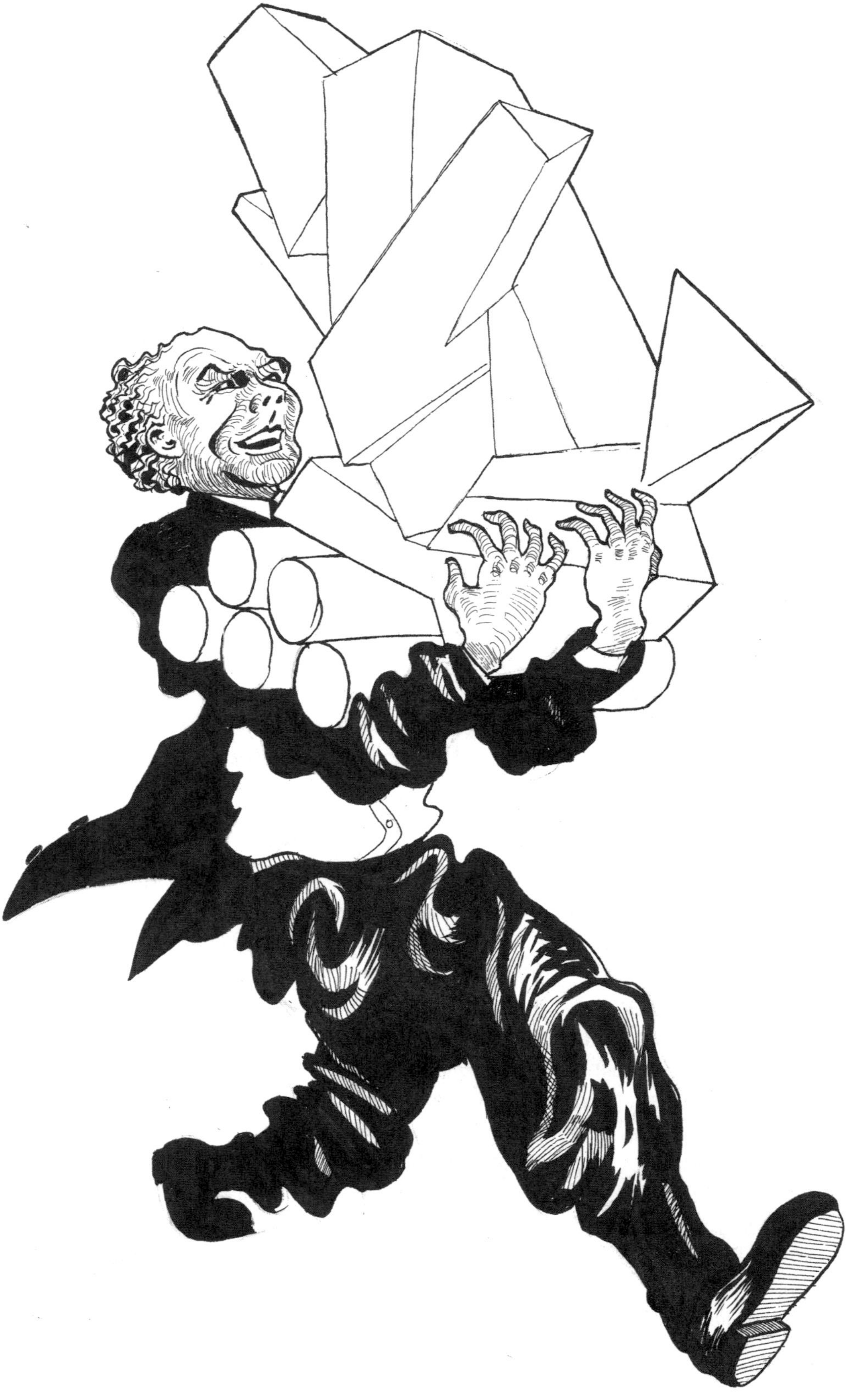

direktor des neuen Architekturmuseums in Frankfurt und war später Gründungsdirektor des Zentrums für Kunst- und Medientechnologie in Karlsruhe. Klotz gilt als einer der führenden Förderer der Postmoderne, insbesondere in der Architektur. Als er 1999 im Alter von vierundsechzig Jahren starb, hinterließ er ein Konvolut von Tagebüchern auf Tonbändern, die transkribiert und veröffentlicht wurden.[92] Die Aufzeichnungen lesen sich wie ein Führer durch die internationale Architekturszene der 1980er Jahre. Auf der Suche nach hochwertigen Objekten für das Frankfurter Museum bereiste er Europa und die Vereinigten Staaten. Er fuhr von Architekturbüro zu Architekturbüro und kaufte aus erster Hand Zeichnungen, Pläne, Fotografien oder Modelle. Klotz' Tagebücher sind mehr als nur ein Stück Museums- oder Architekturgeschichte. Seinen Bericht durchziehen leitmotivisch eben jene Zahlen, von denen die Öffentlichkeit üblicherweise nichts erfährt. Von der ersten Seite an nennt er Budgets und Preise: Eine Million Mark beträgt das städtisch finanzierte Budget 1980 für das Deutsche Architekturmuseum in den ersten vier Jahren, gestaffelt in Jahresbeträgen von jeweils 250.000 DM.[93] Auf 80.000 DM oder sogar 120.000 DM schätzt Klotz den Wert von Modellen des Architekten Frei Otto[94], 5.000 DM zahlt er für einen restaurierungsbedürftigen Stuhl des österreichischen Künstlers Koloman Moser[95], zwischen 500 und 1.500 Dollar betragen die Versicherungswerte für Handzeichnungen des amerikanischen Architekten Robert Venturi.[96] Die Lektüre der Tagebücher bietet die seltene Gelegenheit, ins Innere der Museumsarbeit zu blicken. Es ist dabei ein Lehrstück über die Verbindung von Museum und Markt. Heinrich Klotz erzählt, wie sich der Markt in kurzer Zeit vollkommen verändert. Er selbst hatte den Entwürfen von einigen Architekten den Rang von Kunstwerken gegeben. Innerhalb weniger Jahre erzielten sie ähnliche Preise. Für ihn waren sie damit unbezahlbar geworden.

Die Tagebucheinträge setzen am 6. August 1979 ein, mit einer morgendlichen Besprechung bei dem Frankfurter Kulturdezernenten Hilmar Hoffman. Die Stimmung war gehoben, den

Beginn prägte Euphorie. Der Plan war, das Museum zu einer bundesweiten Pionierinstitution zu machen.

Keine andere Einrichtung in Deutschland widmete sich systematisch dem Sammeln und Zeigen von Architektur. Klotz legte noch dazu den Schwerpunkt auf die Gegenwartsarchitektur. Zur Aufbruchsstimmung trug in den Anfangsjahren seine Überzeugung bei, mit dieser Sammlungstätigkeit weltweit fast konkurrenzlos zu sein. Auf einer Reise nach London im Jahr 1981 konstatierte er:

> »Mit dem Reichtum der Amerikaner ist kaum Schritt zu halten, obwohl ich nach wie vor der einzige zu sein scheine, der mit einem festen Budget ausgestattet ist. Auch ist noch niemand auf den Gedanken gekommen, von Architekturbüro zu Architekturbüro zu gehen und sich an den Quellen zu informieren und dort auch zu kaufen.«[97]

Als Klotz diese Überlegung festhielt, hatte er ausreichend Gelegenheit, sich zu vergleichen. Während seines Aufenthalts in London traf er John Harris, den Kurator für Architekturzeichnungen am Royal Institute of British Architects. Er unterhielt sich mit Phyllis Lambert, einer studierten Architektin und Gründerin des Canadian Centre for Architecture in Montreal. Sie sprachen über die Bibliothek, die Lambert kurz zuvor für ihr Institut angekauft hatte – 2.500 Bücher für die stolze Summe von drei Millionen Dollar.[93] Von Ben Weinreb, dem führenden Händler für historische Architekturbücher und -zeichnungen, erhielt Klotz bei diesem Treffen das Angebot, einen vergleichbaren Grundstock für die Bibliothek des Deutschen Architekturmuseums zusammenzustellen. Der Preis betrug zwei Millionen Dollar. Diese Summe übertraf Klotz' Etat bei Weitem.

Trotzdem hatte Klotz auch im Vergleich mit weitaus finanzkräftigeren Sammlern zunächst einen Vorteil auf seiner Seite. Phyllis Lambert interessierte sich vornehmlich für die Architektur der Klassischen Moderne; das Sammlungsgebiet von Institutionen wie dem Royal Institute of British Architects betraf noch weiter zurückliegende Zeiträume. Selbst im internationalen Vergleich war das Deutsche Architekturmuseum die einzige Institution, die sich dem Ankauf von Zeichnungen, Plänen oder Modellen von Gegenwartsarchitekten verschrieben hatte. In diesem Sinne nennt der Architekturhistoriker Kazys Varnelis Klotz einen der »international bedeutendsten Missionare«, der die Museumssammlung als Medium verstand, um die Ideen innovativer zeitgenössischer Architekten einer breiten Öffentlichkeit zuzuführen.[99] Klotz fühlte sich dabei nicht nur den Werken verpflichtet, sondern auch ihren Urhebern. Sammeln, so seine Überzeugung, konnte in schwierigen Zeiten eine mäzenatische Dimension annehmen. Beschwingt notierte er im Juli 1980:

> »Ich will gern berücksichtigen, daß Rem Koolhaas, Peter Cook und Ron Herron keine Aufträge erhalten haben, also nicht bauen, demnach ihre eigentlichen Arbeiten in den Zeichnungen sehen können, die sie mit großer Sorgfalt ausarbeiten und eben auch wie Kunstwerke präsentieren. Das sollte sich nicht zuletzt auch im Preis niederschlagen.«

In Hochstimmung hielt er fest, an die Grenzen seines Budgets gehen zu wollen. Er sei bereit »für eine Zeichnung mehr zu zahlen«, als er »das normalerweise tun« könne. Er »werde jedoch in Zukunft die Summen wieder beträchtlich reduzieren müssen. Zu Anfang kann man gern großzügig sein«.[100]

Die Preise, die Klotz zahlte, lagen zum Teil überraschend hoch. Für 10.000 DM erwarb er 1980 von Ron Herron vier Zeichnungen, darunter die Walking City, die zum Symbol der Archigram-Gruppe aufgestiegen war. Im selben Jahr verzeichnen die Akten den Ankauf eines Werks der Architekten Rem Koolhaas und Madelon Vriesendorp, einer Gouache mit dem Titel »Welfare Palace Hotel« von 1975 für 6.850 DM.[101] Diese Summe entspricht Marktpreisen, die noch Jahre darauf für Zeichnungen bekannter deutscher Maler angesetzt wurden: 6.500 DM[102] zahlte Klotz im Jahr 1985 für eine Zeichnung von Georg Baselitz, der zu den bestbezahlten deutschen Gegenwartskünstlern zählte, nachdem er 1980 zusammen mit Anselm

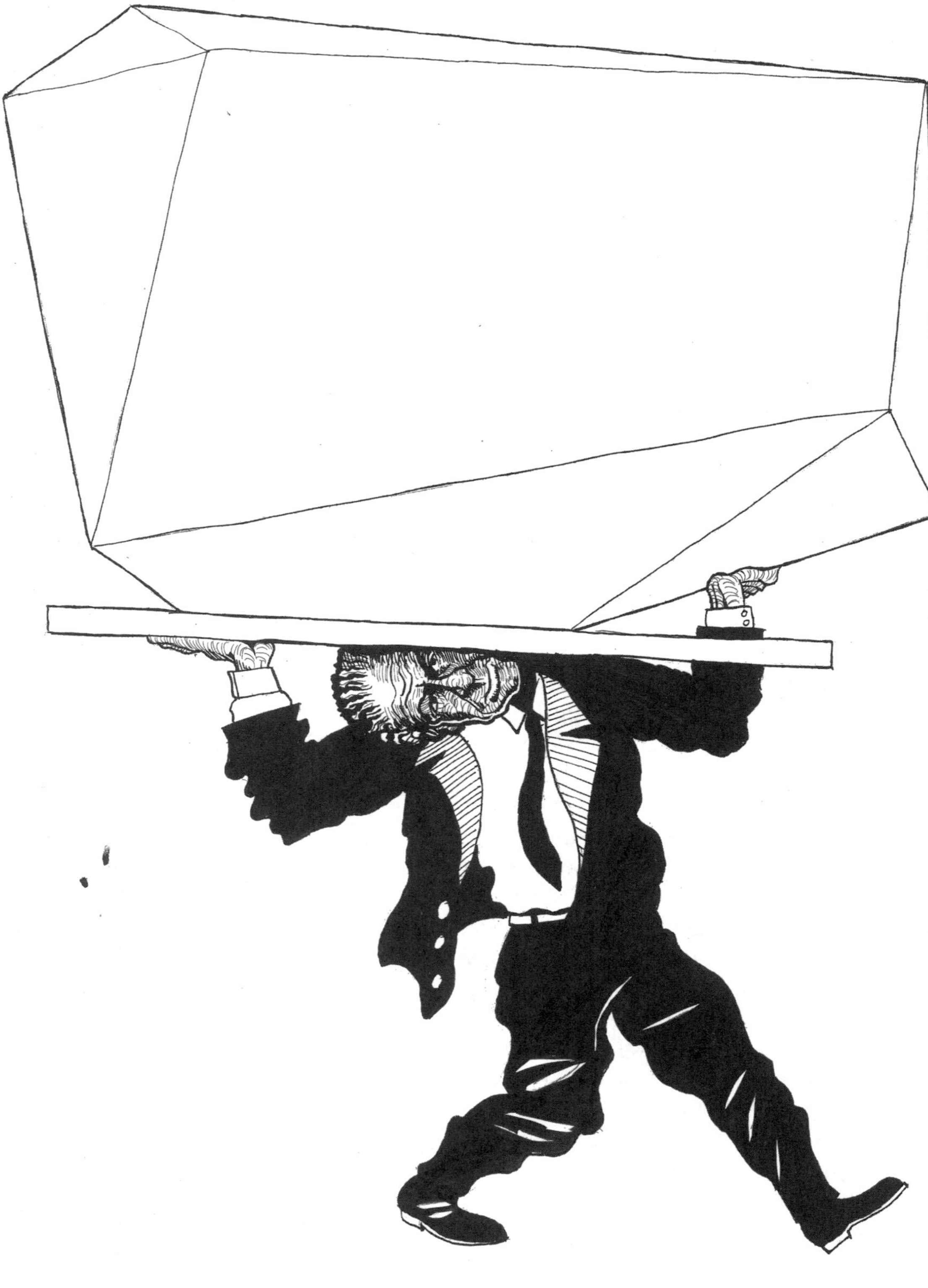

Kiefer die Bundesrepublik Deutschland auf der Biennale in Venedig vertreten hatte. 4.000 DM[103] betrug die Summe für eine Zeichnung von Markus Lüpertz, angekauft 1984.

Den höchsten Betrag zahlte Klotz für das monumentale *Abendmahl*-Triptychon des deutschen Malers Ben Willikens, das er in drei Jahresraten zu je 38.000 DM kaufte.[104]

So sehr sich Klotz für die inhaltlichen Überschneidungen von Architektur und Kunst begeisterte, die Unterschiede waren offensichtlich; ein wesentlicher bestand in der Art des Vertriebs. Was die Künstler anbetrifft, so ließen diese sich seit dem 19. Jahrhundert von Galeristen vertreten. Auch Klotz kaufte die Kunstwerke in seiner Sammlung überwiegend bei Galerien, die von Baselitz und Lüpertz etwa bei der Galerie Meyer-Ellinger. Auf dem Gebiet der Architektur dagegen waren Galerien lange Zeit unbekannt. Klotz berichtet in den Anfangsjahren von zahlreichen Fällen, in denen er Zeichnungen oder Modelle direkt von den Architekten kaufte oder – zumeist gegen eine Spendenbescheinigung – sogar als Geschenk erhielt. Frei Otto überließ dem Deutschen Architekturmuseum (DAM) beispielsweise 1980 einen großen Bestand sehr aufwändig gearbeiteter Modelle, dessen Wert per Magistratsbeschluss mit 544.000 DM angesetzt wurde. Als Gegenleistung zahlte das Museum Restaurierungskosten in Höhe von 94.247,65 DM.[105] Helmut Jahn stiftete eine Zeichnungscollage, deren Wert Klotz auf 15.000 DM schätzte.[106] Auch Kevin Roche, der im Jahr darauf den renommierten Pritzker-Preis erhielt, versprach Klotz »einige Modelle zu stiften«[107]. Selbst von Philip Johnson – Klotz verabredete sich mit ihm im März 1980 im legendären Four Seasons-Restaurant in New York – glaubte er, einige Zeichnungen und Modelle als Stiftung zu erhalten. Siegesbewusst resümierte er noch: »Ich habe nichtsdestotrotz 10.000 DM in Aussicht gestellt und hoffe dafür einen weitaus größeren Wert zu erhalten. Dies ist überhaupt das Prinzip, man muß einen Anreiz geben, um dafür sehr viel mehr hinzugeschenkt zu bekommen.«[108] Doch Johnson behielt seine Werke.

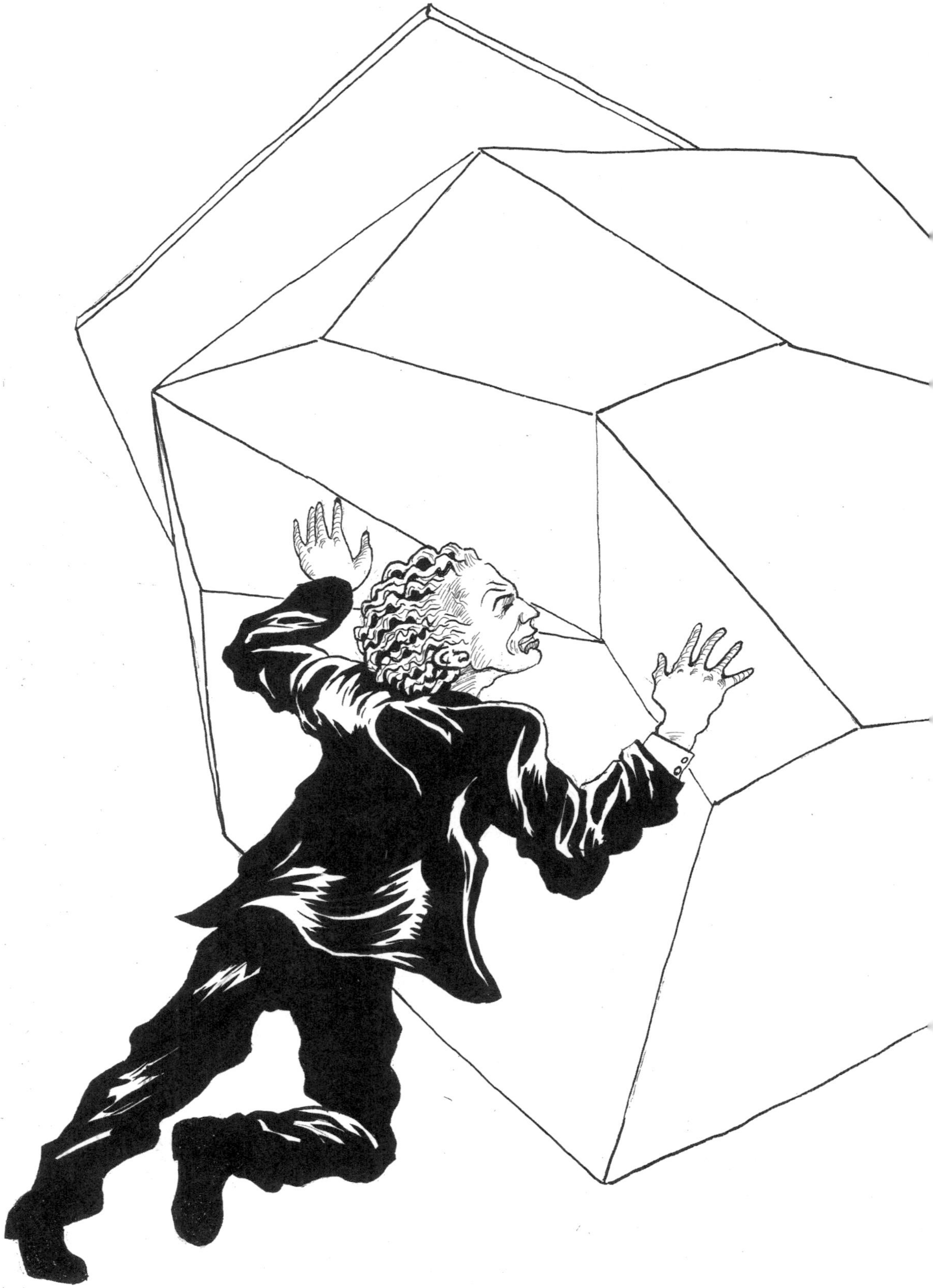

Trotzdem gab es für das Selbstbewusstsein zunächst ausreichend Anlass. Bei Charles Moore entdeckte Klotz ein »Konvolut allerschönster Aquarelle, Reisezeichnungen, die kurz davor sind, in viele tausend Stücke zu zerfallen«.[109] Bei dessen Projektpartnern in New Orleans rettete er auch das große Modell der Piazza d'Italia für das DAM.[110] Es sollte ihm nicht noch einmal dasselbe passieren wie im Büro von Mies van der Rohe, wo er 1969 feststellen musste, zu spät gekommen zu sein, um sich nach dem Tod des Meisters noch ein Modell zu sichern.[111] Diesen Fall hielt Klotz jedoch für eine Ausnahme, er war nach wie vor der Meinung, dass Bedeutung und Wert von Architekturzeichnungen und Modellen systematisch unterschätzt wurden.

Er war zwar der erste Museumsdirektor, der Zeichnungen und Modelle von Gegenwartsarchitekten sammelte, und er hatte bei einigen Ankäufen Glück. Wer aber das Panorama der Museen und Institutionen dieser Zeit in den Blick nimmt, wird feststellen, dass Klotz eine Entwicklung übersah, die bereits in vollem Gange war. Bis in die 1950er Jahre hinein war der Kreis von Privatleuten und Institutionen, die Architekturzeichnungen kauften, überschaubar. Dementsprechend hatte sich kein Händler- und Galeriesystem ausgebildet, bis die ersten Museen anfingen, Architekturzeichnungen in Ausstellungen zu zeigen. Charles Hind, Kurator an der RIBA Gallery in London, beschreibt, dass es Kuratoren an amerikanischen Institutionen waren, die diese Entwicklung federführend vorantrieben, und sowohl Objekte aus Museums- als auch Privatbesitz ausstellten.[112] Als wegweisend gilt etwa die Schau *Five Centuries of Drawings*, die 1959 an der Cooper Union stattfand und ausschließlich Entwürfe für Gebäude, Ornamente und Theater zeigte; an derselben Institution folgte 1962 die Schau *The Architect's Eye*. Die Zahl der Ausstellungen, in deren Zentrum die gezeichnete Architektur stand, vervielfachte sich in den Folgejahren. Kazys Varnelis zufolge gelang der Durchbruch mit einer Schau, die das New Yorker MoMA 1975 ausrichtete.[113] Die Ausstellung *The Architecture of the École des Beaux-Arts*, die der langjährige Direktor der Architekturabteilung, Arthur Drexler, kuratierte, wirkte wie ein Katalysator. Architekturzeichnungen stiegen sowohl im Ansehen als auch im Wert. Zeitgleich fanden viele Architekten zur Ausdrucksform aufwändiger Zeichnungen zurück, um sich von der nüchtern-modernistischen Darstellungsweise der Nachkriegsjahrzehnte abzusetzen.

Mit dem zunehmenden akademischen Interesse an Architektur geriet der Markt in Bewegung. Oder besser gesagt: Es bildete sich ein Markt, wo es zuvor kaum einen gegeben hatte. Gleichzeitig mit den ersten Ausstellungen in den 1950er Jahren spezialisierten sich Händler auf dieses neue Marktsegment; darunter der bereits erwähnte Ben Weinreb. Drexlers Ausstellung im MoMA hatte noch weitreichendere Folgen. Zwei Jahre darauf, 1977, unterstützte die Architectural League of New York eine Schau mit dem Titel *200 Years of American Architectural Drawing*, bei der Werke von Architekten gezeigt wurden, die auch Klotz kurz darauf sammelte – etwa Michael Graves, Peter Eisenman, Charles Moore, John Hejduk und Robert Venturi. Kurz darauf nahm Leo Castelli, einer der weltweit führenden Galeristen, der unter anderem Andy Warhol vertrat, Architekten in sein Galerieprogramm auf. Im Jahr 1978 zeigte Castelli die Schau *Architecture I*, in der ausschließlich Architekturzeichnungen gezeigt wurden, darunter Werke von Raimund Abraham, Aldo Rossi und Robert Venturi; zwei Jahre später folgte *Architecture II: Houses for Sale*.[114] Im selben Jahr eröffnete Max Protetch, der zum wichtigsten Händler für Architekturzeichnungen aufstieg, seine Galerieräume in New York, wobei er in rascher Folge ebenfalls Architekten zeigte, die später in Klotz' Sammlungsgebiet fallen sollten. Das Auktionshaus Sotheby's richtete 1979 den ersten sogenannten »specialist sale« aus, bei dem nur Architekturzeichnungen verkauft wurden, eine Spezialisierung, die man bis 1991 weiterführte und danach einstellte.[115] Bereits im Januar 1981 begann Ada Louise Huxtable, die renommierte Architekturkritikerin der *New York Times*, einen Artikel mit der Feststellung, dass die Menge der Architektur- und Designausstellungen es unmöglich mache, alle zu besuchen.[116] Huxtables Text enthält auch einen Hinweis auf die Mischformen, die das private und institutionelle Interesse auf diesem Feld hervorbrachte. Für die Schau *Ezra Stoller, Photographer of Architecture: 1939–1980*, die bei dem Galeristen Protetch gezeigt wurde, hatte der Museumskurator Drexler das Katalogvorwort geschrieben.

Kurzum: Das Deutsche Architekturmuseum mochte zwar das erste Museum sein, das sich auf das Sammeln von Gegenwartsarchitektur spezialisiert hatte. Aber die Entwicklung eines Marktes, auf dem Zeichnungen von Gegenwartsarchitekten zur Ware wurden, war bereits weit fortgeschritten, als Heinrich Klotz seine ersten Akquisitionsreisen unternahm. Das Ausmaß scheint ihm nicht bewusst gewesen zu sein. Dass er bereits 1980 die Konkurrenz witterte, belegt ein Eintrag, der sich unmittelbar an das Treffen mit Philip Johnson anschließt: »Ich habe den Eindruck, daß die New Yorker Galeristen langsam auf den Riecher gekommen sind und nun Architekturzeichnungen verkaufen wollen.«[117] Im Jahr darauf musste Klotz feststellen, dass die Professionalisierung des amerikanischen Marktes bereits viel stärker ausgeprägt war, als er es für möglich gehalten hatte. Das Treffen mit dem Architekten Paul Rudolph, den er 1981 in dessen New Yorker Büro in der 57sten Straße besuchte, legte die neuen Verhältnisse offen. »Die Absurdität schlägt die höchsten Wellen«, notierte er, nachdem er Rudolph für eine Zeichnung 1.000 DM bieten wollte und erfuhr, dass dessen Galerie in Chicago den zwanzigfachen Preis dafür verlangte.[118]

Wie konnte Klotz diese Entwicklung zunächst entgehen? Einen ersten Schlüssel zum amerikanischen System, in dem einige Architekten Starstatus erlangt hatten, hielt Klotz in Händen, als er sich im März 1980 zu Beginn seiner Amerikareise eine Literaturangabe notierte.[119] Der Hinweis stammte von Denise Scott Brown, der Architektin und Ehefrau von Robert Venturi, die 1975 einen Aufsatz mit dem Titel »Sexism and the Star System in Architecture« geschrieben hatte. Gegenstand des Textes war Scott Browns Ehemann selbst.

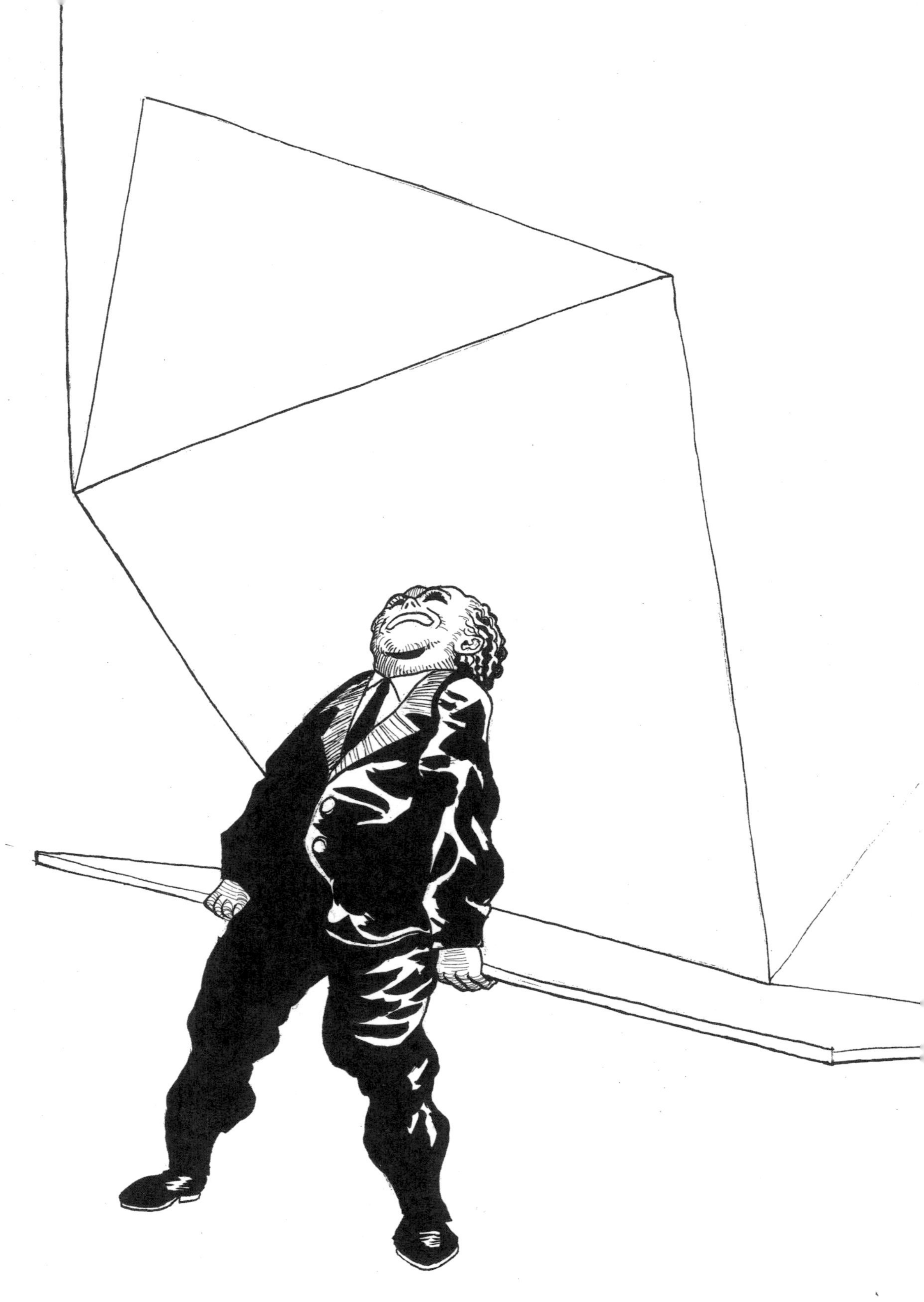

Scott Brown beschreibt darin den Aufstieg ihres Mannes zum »Architektenguru«, ein Erfolg, der auf ihr eigenes Werk einen langen Schatten warf.[120] Entgegen dem Selbstverständnis des Paares, das gemeinsam ein Architekturbüro betrieb und Bücher veröffentlichte, wurde Venturi von den Kritikern zu einem Einzelkämpfer stilisiert und Scott Brown fast durchgehend ignoriert. 2013 forderte eine Initiative von Studentinnen der Harvard University, Scott Brown rückwirkend den Pritzker-Preis zu verleihen.[121] Die Jury hatte sie 1991 unberücksichtigt gelassen und allein Venturi ausgezeichnet.

Scott Browns Analyse des Starsystems ist in doppelter Hinsicht aufschlussreich und hätte Klotz hellhörig werden lassen können. Zum einen beschrieb sie ein System, in dem Architekten wie Künstler als alleinschaffende Genies gelten. Zum andern führte sie aus, welches Medium diese öffentliche Wahrnehmung prägte: das Buch. Viele der von ihr geschilderten Fälle, in denen ihr Name zugunsten der alleinigen Nennung von Venturi gestrichen wurde, standen in Verbindung mit Buchveröffentlichungen. Scott Brown berichtete etwa, dass die gemeinsame Veröffentlichung *Learning from Las Vegas* von 1972 alleine Venturi zugeschrieben wurde. Als 1973 John W. Cooks und Heinrich Klotz' Interviewband *Conversations with Architects* erschien, fehlte ihr Name auf dem Umschlag.[122] Dass Venturis Ruhm zu einem beträchtlichen Teil auf Büchern und nicht auf gebauten Häusern beruhte, kommentierte Tom Wolfe 1981 in seiner Polemik *Mit dem Bauhaus leben*. Mit Blick auf Venturi urteilte er: »Es genügte nicht mehr außergewöhnliche Häuser zu bauen und sie der Welt zu zeigen. Die Welt konnte warten. Es war jetzt nötig, in dem Wettbewerb zu siegen, der ausschließlich innerhalb der Welt der akademischen Architektur ausgetragen wurde.«[123]

Im neuen Starsystem der Architektur, das sowohl Scott Brown als auch Wolfe beschrieben, war es kein Nachteil zu publizieren, anstatt zu bauen. Im Gegenteil, das theoretische Werk bildete das Fundament der Karriere, die akademische Anerkennung hatte der von Auftraggebern den Rang abgelaufen.

Klotz hatte es genau andersherum gesehen: Er wähnte sich in der Pflicht, die Ankäufe für sein Museum als mäzenatischen Akt zu betreiben, da viele der postmodernen Architekten »keine Aufträge erhalten haben«.[124]

Sein Glaube, die Postmoderne institutionell stützen zu müssen, beschleunigte die Entwicklung weiter. Bereits bevor Klotz nach Amerika fuhr, kursierten die Werke im musealen Ausstellungsbetrieb, wodurch für den Markt ein Anreiz geschaffen worden war und Architekturzeichnungen zur Ware werden konnten. Klotz unternahm den nächsten folgenreichen Schritt. Er öffnete die Tür zur Sammlung. Wie das deutsche Sammlerehepaar Peter und Irene Ludwig einst die Pop Art vom Markt ins Museum geholt hatten, indem sie die Werke den Institutionen schenkten, verlieh auch Klotz seinen Ankäufen höhere Weihen.[125] Er kaufte als Vertreter einer bleibenden Institution, die noch dazu über ein festes Budget verfügte. Je stärker der Markt darauf reagierte, desto enger wurden die Grenzen des Projekts. Klotz schloss resigniert: »Das, was ich bisher gesammelt habe, wird wohl vorerst den Grundstock abgeben, der kaum noch wesentlich wachsen kann [...]. Von Venturi bis Rudolph sind alle [...] in den Kunstgalerien gelandet.«[126] Er konnte sich die Werke der Architekten, die er gefördert hatte, nicht mehr leisten.

Je mehr er kaufte, desto höher stiegen die Preise. Je größer die Museumssammlungen, desto attraktiver wurde das Feld für den Markt. Sein Einsatz für Bedeutung und Wert der Architekturzeichnung besaß eine tragische Dimension. Im übertragenen Sinn glich der Museumsdirektor dem Gott im Allmachtsparadoxon, der einen Stein schafft, den er selbst nicht mehr heben kann. Dieses Phänomen gibt es auch im Kunstsystem. Die Preise steigen auch dort explosionsartig, weil seit den 1990er Jahren immer mehr öffentliche Häuser Gegenwartskunst sammeln.

Ob Klotz selbst die Tragik seines Handelns auffiel? Vermutlich. Im September 1981 sagte Robert Venturi den Verkauf eines Zeichnungskonvoluts »in letzter Minute« ab.[127] Wenige Monate später, im Jahr 1982, eröffnete die Schau *Venturi, Rauch and Scott Brown* – in der Galerie Max Protetch.

MIMIKRI

1. Public Museum: Public Money, Public Interest
2. Private Museum: Private Money, Private Interest

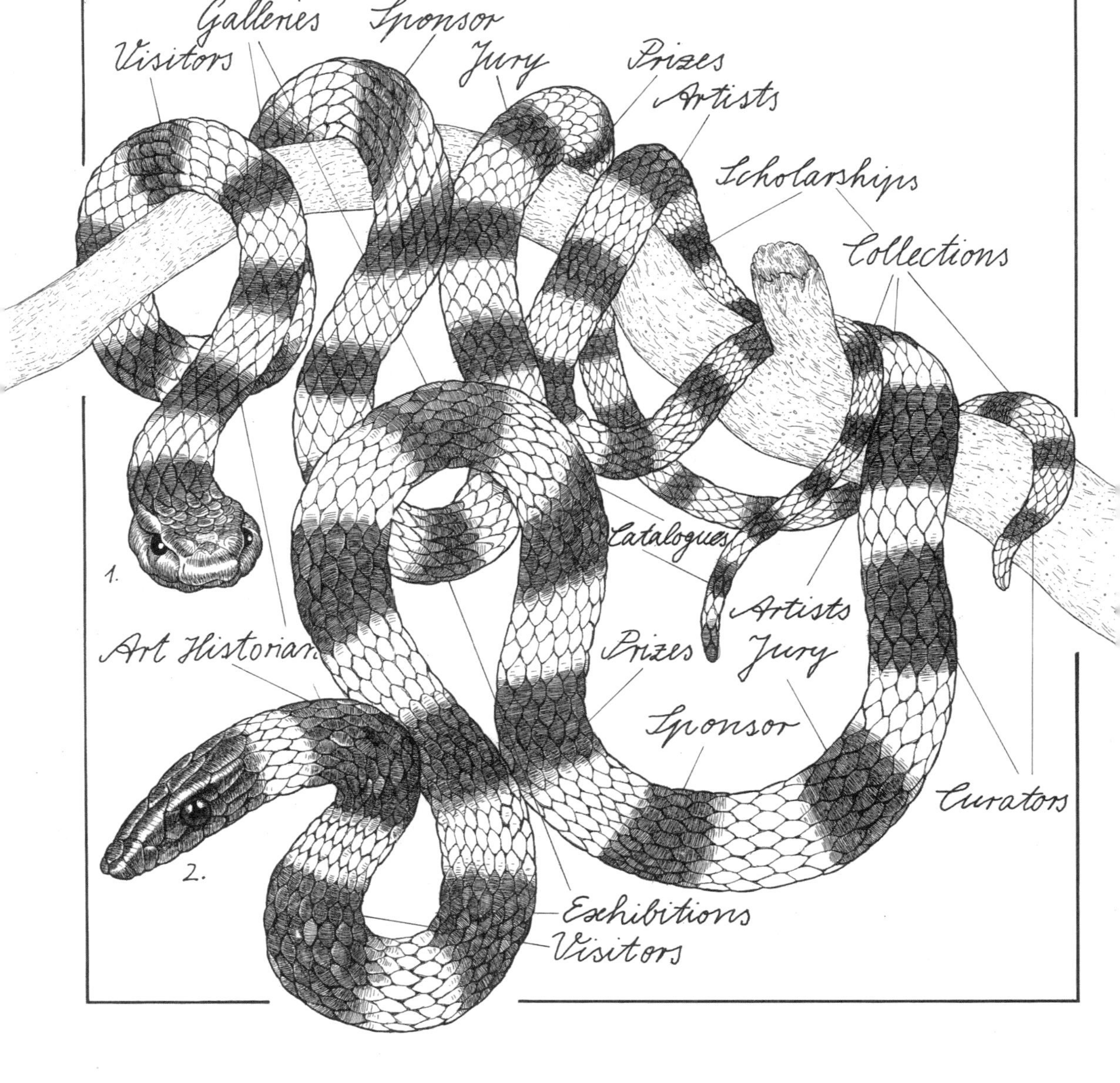

VI. Mimikry

Als im Juli 1988 in einem leerstehenden Hafengebäude in den Londoner Docklands eine Ausstellung eröffnete, die Studenten des Goldsmiths College organisiert hatten, trafen die Besucher auf eine überraschende Mischung aus Neuem und Bekanntem. Neu waren die Werke der sechzehn teilnehmenden Künstler, darunter Damien Hirst, einem der maßgeblichen Organisatoren der Schau. Der Titel lautete »Freeze«, er leitete sich von einem Werk Mat Collishaws ab, der die stark vergrößerte Fotografie einer Kopfverletzung zeigte, die aus einem medizinischen Handbuch stammte. Über die Fotografie hatte Collishaw ein Raster gelegt, eine Technik, die im Katalog mit einem Stilmittel des Kinos verglichen wurde, dem »freeze-frame«. Dabei wird mehrmals das gleiche Bild hintereinander projiziert, so dass der Betrachter den Eindruck erhält, der Film würde angehalten, »eingefroren«. Der Vergleich zwischen Kunst und Kino gab der Schau den Namen. Das Bild einer blutigen Kopfwunde bereitete die Öffentlichkeit auf das Kommende vor. Provokation wurde zum Markenzeichen der YBA, der sogenannten Young British Artists. Damien Hirsts berühmtestes Kunstwerk, ein in Formaldehyd eingelegter Hai mit dem Titel »The Physical Impossibility of Death in the Mind of Someone Living«, folgte wenig später.

Die Künstler und Organisatoren der Schau mochten neu und unbekannt sein; den Rahmen, den sie der Ausstellung gaben, hatte man so jedoch schon gesehen. Eine alte Lagerhalle, hohe Decken, Betonböden, weiße Wände – einige Besucher fühlten sich deutlich an die Galerie Charles Saatchis erinnert, die drei Jahre zuvor im Norden Londons eröffnet hatte. Saatchis Räume nachzustellen, war mehr als ein Zitat. »Alles«, erinnerte sich der Künstler Michael Craig-Martin später, der damals am Goldsmiths lehrte und zu dessen Studenten viele der ausstellenden Künstler zählten, »wurde unternommen, um den Eindruck zu erwecken, dass es sich nicht um eine Studentenausstellung handelte. Das war, was die Leute überraschte.«[128] Bis dahin völlig unbekannte Künstler präsentierten sich, als seien sie längst etabliert. Es gab professionell wirkende Räumlichkeiten, einen Katalog, ein Schlagwort, schockierende Werke und sogar Sponsoren – die Docklands Development Corporation und Olympia and York.

Die Berichte darüber, wie viel Aufsehen die Schau erregte, als sie gezeigt wurde, gehen auseinander. Damien Hirst gibt an, dass einige Schlüsselfiguren des englischen Kunstbetriebs zu Besuch gekommen seien, etwa Nicholas Serota, der Direktor der Tate Britain, oder Norman Rosenthal, der Ausstellungssekretär der Royal Academy of Arts in London. Auch von Charles Saatchi heißt es, dass er die Ausstellung besucht habe. Presseberichte gibt es dazu kaum; dass viele Besucher kamen, kann ausgeschlossen werden. Worin bestand also der Erfolg? Einige Kunststudenten hatten die Professionalität des Kunstbetriebs imitiert und damit die Aufmerksamkeit derer erregt, die wirklich professionell waren. Sie, die an einer öffentlichen Kunsthochschule studierten, camouflierten sich als neueste Entdeckungen des Galeriebetriebs. Die Strategie ging auf.

In der Biologie gibt es dafür einen Begriff: Mimikry. Als Mimikry wird die Ähnlichkeit von zwei Tieren verschiedener Arten bezeichnet, die sich derart gleichen, dass Tiere einer dritten Art sie nicht voneinander unterscheiden können und miteinander verwechseln. Eines der bekanntesten Beispiele für Mimikry bilden die Korallenschlangen des amerikanischen Kontinents. Korallenschlangen sind mehrfarbig und variantenreich geringelt, es gibt mehr als sechzig Arten von ihnen – einige sind giftig, andere mäßig giftig, die Mehrzahl ist ungiftig. Die Schwierigkeit besteht darin, sie auseinanderzuhalten.

Mimikry bietet ein gutes Modell für das Verhältnis der verschiedenen Sphären im Kunstbetrieb und den wechselseitigen Versuchen, sich der jeweils anderen anzugleichen. Für den Besucher ist es häufig schwierig, zu erkennen, ob er es mit einer institutionellen, öffentlichen, kommerziellen oder privaten Ausstellung zu tun hat. Erhellend ist in dieser Hinsicht, dass Biologen bei der Mimikry von Korallenschlangen darüber streiten, wer von diesen Verwechslungen profitiert: Für ungiftige Arten könnte es von Vorteil sein, von einem Fressfeind für giftig gehalten zu werden. Für giftige Arten könnte es von Vorteil sein, wenn Beute sie für ungiftig hält. Niemand kann also mit Bestimmtheit sagen, wer wen nachahmt.

Als Charles Darwin den Begriff der Mimikry 1866 in der vierten Auflage seines Werks »Über die Entstehung der Arten« aufgriff und ihn damit einem großen Publikum bekannt machte, bezog er seine Beispiele ausschließlich von Henry Walter Bates. Der englische Naturforscher war auf seinen ausgedehnten Expeditionsreisen in Südamerika und Südostasien wiederholt auf Schmetterlinge gestoßen, die in Form und Farbe anderen Arten glichen, obwohl sie verschiedenen Gattungen oder sogar Familien angehörten. Darwin und Bates erklärten das Phänomen mit der Evolutionstheorie. Sie folgerten, dass wenn ein Individuum einer stark bejagten Art die »Tracht annähme, die der einer gut geschützten Art so gliche, dasz sie das Auge eines erfahrenen Entomologen beständig täuschte, so würde sie auch oft Raubvögel und Insecten täuschen, die Form daher der gänzlichen Vernichtung entgehen«.[129] In dem genannten Fall geht es also um Schutz; die Effekte der Signalfälschung, die jeder Mimikry zugrunde liegen, können aber, wie die biologische Forschung herausgearbeitet hat, sehr unterschiedlich sein. Einige wollen die Räuber täuschen, andere die Beute. Welche Taktiken als harmlos oder gefährlich gelten, soll uns hier nicht weiter interessieren. Wesentlich scheint uns mit Blick auf die Mimikry im Kunstbetrieb, dass sich häufig nicht sagen lässt, wer wen warum imitiert.

Es ist unwahrscheinlich, dass Damien Hirst 1988, er war gerade zweiundzwanzig Jahre alt, abschätzen konnte, welch durchschlagende Wirkung seine Strategie besaß. Vier Jahre später eröffnete Charles Saatchi in seiner Galerie eine Ausstellungsserie, die den Titel »Young British Artists« trug. Den Auftakt machte eine Auftragsarbeit. Es war der in Formaldehyd eingelegte Tigerhai von Hirst. Diesen soll Saatchi mit 50.000 Pfund vorfinanziert haben. Fünf Jahre später, 1997, stellten Hirst und die YBA in der Royal Academy aus. Norman Rosenthal kuratierte dort die Ausstellung »Sensation: Young British Artists from the Saatchi Gallery«. Saatchi durfte sich freuen, dass seine Sammlung durch eine scheinbar unabhängige Institution abgesegnet wurde. Norman Rosenthal hoffte vielleicht, von der Prominenz des Megasammlers zu profitieren und bescherte der Royal Academy einen Besuchererfolg. Saatchi verkaufte den Hai 2004 an den amerikanischen Hedgefondsmanager Steve A. Cohen, der ihn für drei Jahre, bis 2010, dem New Yorker Metropolitan Museum lieh.[130]

Wie im Ausstellungsbetrieb der 1990er Jahre private und öffentliche Organisatoren wechselseitige Mimikry betrieben, belegt ein weiteres prominentes Beispiel von 1992. Auch in diesem Jahr nahm Hirst an einer Schau teil, die sich an einem prominenten Vorbild orientierte. Sie trug den Titel »Made for Arolsen«. Veranstaltungsort war die barocke Schlossanlage von Bad Arolsen, einer Stadt in Nordhessen. Hirst gehörte zu den Künstlern, die auch dann an ihrer Teilnahme festhielten, als bekannt wurde, welche Pläne Jeff Koons für die Ausstellung hatte. Koons, der von Jan Hoet, dem Leiter der documenta 9 in Kassel in diesem Jahr mit dem Urteil »keine Kunst« verschmäht worden war, ließ vor dem Schloss eine riesige Stahlkonstruktion errichten.[131] Sie war über zwölf Meter hoch, verkleidet wurde sie mit Blumen, die sich zu der Gestalt eines monströsen Terriers zusammenfügten, den Koons »Puppy« taufte. Einige Künstler, die ebenfalls eingeladen worden waren, um bei »Made for Arolsen« mitzuwirken, empfanden die Skulptur als zu dominant und zogen ihre Werke zurück. Hirst dagegen gestaltete einen Pavillon im Schlosshof, in dessen Innerem er einen White Cube errichtete, der durch zwei Glasscheiben in vier Segmente unterteilt wurde. Auf einem weißen Tisch lag eine Operationsschere, ein Dia-Projektor warf Bilder an die Wand. Wie im Fall von Matt Collishaws Fotografie einer Kopfwunde schienen auch hier die Vorlagen aus medizinischen Handbüchern zu stammen.

»Puppy« ließ sich, wie der *Spiegel* hämisch bemerkte, als der Versuch interpretieren, »vielleicht ein bisschen zur 40 Kilometer entfernten Documenta hinüberzukläffen, wo Koons nicht gefragt war.«[132] Bad Arolsen bot Kitsch mit Koons und Schock mit Hirst. Die Schau sollte jedoch keine Gegenveranstaltung zur documenta sein. Was dort gezeigt wurde, lässt sich besser im

Modell der Mimikry beschreiben. Niemand hatte Interesse daran, den Kunstbetrieb zu verärgern. Wer den Ausführungen Veit Loers' folgte, dem Kurator von »Made for Arolsen« und Direktor des Museums Fridericianum in Kassel, konnte den Eindruck gewinnen, die Ausstellung stand im Vergleich zur documenta auf dem kunsthistorisch festeren Fundament. Nach Loers' Katalogbeitrag konnten die Wurzeln gar nicht tief genug in die Geschichte hineinreichen:

> »Eines ist jedoch sicher. Während Koons die Affirmation zur barocken Ordnung erstellt, liefert Hirst die Antithese. Eine fast barock anmutende Vanitas-Inszenierung, eine Hommage an William Hogarth, in der die Nichtigkeit des Lebens vor dem ewigen Hintergrund des Todes deutlich wird.«[133]

Zu den Organisatoren gehörten eine Reihe von lokalen Einrichtungen, öffentliche wie private. Der Landkreis Waldeck-Frankenberg zählte dazu, die Stadt und der Museumsverein Arolsen e.V. oder die Kreishandwerkerschaft des Landkreises Waldeck-Frankenberg. Galeristen gehörten ebenfalls zu den Unterstützern, etwa Max Hetzler aus Köln, Anthony D'Offay und Jay Jopling aus London. D'Offay und Hetzler finanzierten »Puppy« zusammen mit der Achenbach Kunstberatung GmbH.[134] Die Skulptur steht heute vor dem Guggenheim Museum in Bilbao.

Berühmter noch als »Made in Arolsen«, der Ableger der documenta, sind die Satelliten, die den Planeten Biennale in Venedig umkreisen. Den Anfang machte 2006 der französische Unternehmer François Pinault, Eigentümer von Luxusmarken wie Gucci oder Yves Saint Laurent. Er brachte seine Kunstsammlung nach Venedig, da ihm die italienische Stadt bessere Bedingungen bot als Frankreich. Die Genehmigungen für einen Bau auf der Seine-Insel Île Seguin hatten jahrelang auf sich warten lassen. In Venedig bezog er den Palazzo Grassi, drei Jahre später eröffnete er, zeitgleich mit dem Beginn der 53. Biennale, ein Privatmuseum gegenüber dem Markusplatz, an der Punta della Dogana, dem ehemaligen Sitz der venezianischen Zollbehörde. Das Pinault'sche Imperium verfügt über sämtliche Stationen der Kunstverwertungskette – von der Sammlung über das Museum bis zum Auktionshaus Christie's, das er über seine Holdinggesellschaft Artémis 1998 erwarb. Zu seiner Sammlung zählen Werke von Jeff Koons, Urs Fischer, Rudolf Stingel oder Piotr Ulanski. Werke dieser Künstler werden regelmäßig bei Christie's versteigert. Ihre Preise sind stark gestiegen. Auch Bernhard Arnault, ebenfalls ein französischer Unternehmer und Besitzer von Luxusgüterfirmen, besitzt inzwischen neben seiner großen Kunstsammlung ein Privatmuseum. Im Jahr 2014 eröffnete seine Stiftung *Fondation Louis Vuitton* ein Ausstellungsgebäude in Paris, das Frank O. Gehry entwarf.

Nach Angaben des Kunsthistorikers Robert Fleck, der im Jahr 2007 der Kommissär des österreichischen Pavillons der Biennale von Venedig war, setzt Pinault für die Wechselausstellungen »etwa zehn Mal mehr Mittel ein, als sie dem künstlerischen Leiter der Biennale für die internationale Ausstellung zur Verfügung stehen«.[135] Diese Konkurrenz hat, wie Fleck betont, die Abhängigkeit der staatlichen Institutionen von privaten Finanzgebern deutlich verstärkt. Die 1895 gegründete Kunstausstellung muss seitdem weitreichende Kooperationen mit dem Kunsthandel eingehen. Pinault, der zuvor mit seinen Museen und Wechselausstellungen Mimikry an den öffentlichen Kunsteinrichtungen Venedigs vollzog, fordert diese nun also zu einer umgekehrten Mimikry heraus.

Die zeitliche Nähe zur Kunstmesse Art Basel hat den strukturellen Wandel weiter befördert. Sammler, die aus Amerika oder Asien einflogen, besuchten in den vergangen Jahren häufig erst die Biennale in Venedig, um dann zum nächsten Kunstevent auf der anderen Seite der Alpen, nach Basel, weiterzuziehen. Die Biennale ähnelte dadurch zunehmend einer Messe und Shoppingmeile für Milliardäre. Im Jahr 2011 erreichten die Zugeständnisse, die von der Stadt Venedig an private Sammler gemacht wurden, ihren Höhepunkt. Um die Sicherheit der »Luna« zu gewährleisten, der unmittelbar vor den Giardini ankernden Yacht des Oligarchen Abramowitsch, ließ man einen Zaun errichten. Die Benutzung der Promenade durch Anwohner,

Touristen und Besucher war dadurch stark eingeschränkt. Ein Teil von Venedig war zur »gated community« geworden.

Der Künstler Jeremy Deller schuf auf der nachfolgenden Biennale ein Werk, das dieses Ereignis aufgriff. Auf einem Wandbild für den britischen Pavillon sah man, wie ein turmhoher, bärtiger Mann die Yacht mit beiden Händen packt und ins Meer wirft.

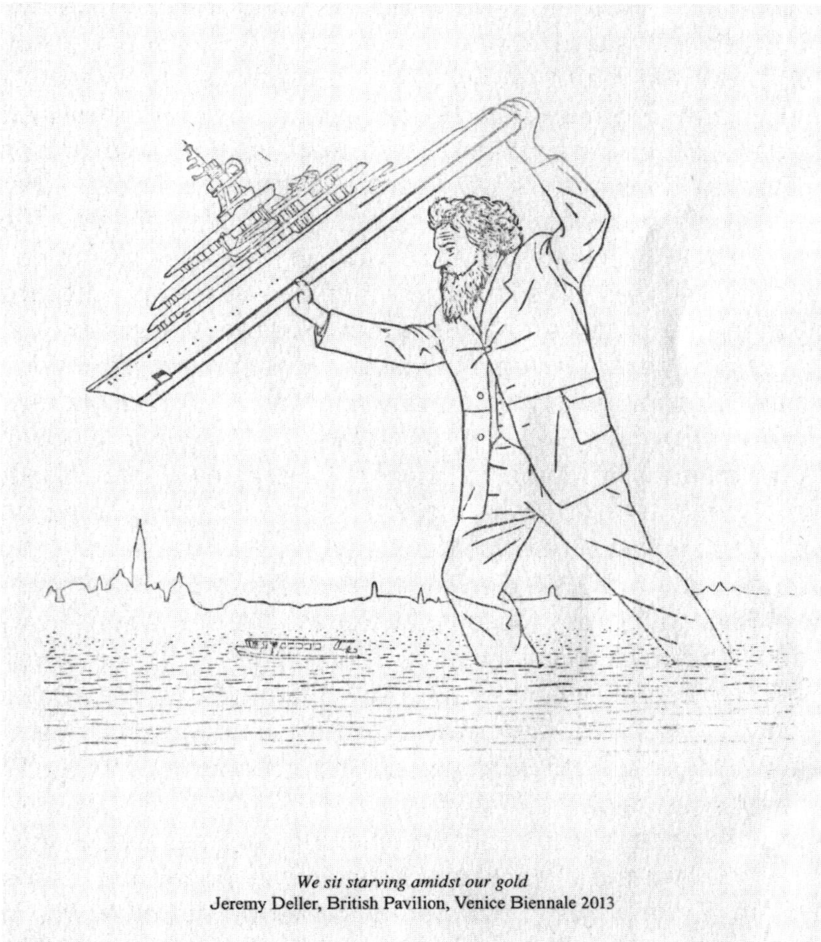

We sit starving amidst our gold
Jeremy Deller, British Pavilion, Venice Biennale 2013

Stempelbild von Jeremy Deller auf der Venedig-Biennale von 2013

Ein Begleitheft erläuterte Motiv und Personal der Szene. Kein Geringerer als William Morris (1834-1896), der viktorianische Künstler, Lebensreformer und Sozialist sei über den Absperrzaun so sehr in Wut geraten, dass er »obwohl er längst gestorben war, als Koloss zurückkehrte und die Yacht in die Lagune schmiss«. Das Wandgemälde, das sich Besucher per Stempel vervielfältigen lassen konnten, zeigte also das Mittelmeer, William Morris und Luna, die Yacht des Oligarchen und Kunstsammlers Roman Abramowitsch.

Ein anderer Oligarch und Milliardär, Victor Pinchuk, der als einer der reichsten Männer der Ukraine gilt, verlagerte einen Teil seiner Aktivitäten im Kunstbetrieb ebenfalls nach Venedig. 2006 hatte Pinchuk sein Privatmuseum, das »Pinchuk Art Center«, in Kiew gegründet. Zwei Jahre später holte er den deutschen Kunsthistoriker Eckhard Schneider als Direktor, der bis dahin das Kunsthaus Bregenz leitete. Auf der Biennale hatte das Pinchuk Art Center 2009 sein Debüt, indem es zum einen den Pavillon der Ukraine finanzierte, den Wladimir Klitschko kuratierte; zum anderen wurde der »Future Generation Art Prize« ins Leben gerufen, zu dessen Mentoren sich die Künstler Jeff Koons, Takashi Murakami, Damien Hirst und Andreas Gursky ernennen ließen. Das »Who is Who« der weltweit teuersten Künstler wurde von einer hochkarätigen Jury flankiert, die den mit 100.000 Dollar dotierten Preis alle zwei Jahre an Nachwuchskünstler vergibt. Laut der ersten Pressemitteilung gehörten der Jury 2009 die Direktoren der Solomon R. Guggenheim Foundation, des Museum of Modern Art, des Centre Pompidou und der Tate Gallery an. Zum Board des Preises gehören Eli Broad, der US-amerikanische Milliardär und Sammler, Dakis Joannou, ebenfalls Milliardär, Sammler und Museums-Trustee, der Musiker Elton John und die Unternehmerin und Sammlerin Miuccia Prada.

Pinchuk setzte also nicht nur einen neuen Preis in die Welt. Er – oder vermutlich Eckhard Schneider – erfand ein neues System. Er kauft Kunst und den gesamten Kunstbetrieb dazu. »Niemand«, schrieb meine Kollegin Swantje Karich in der *Frankfurter Allgemeinen Zeitung*, »verstand offenbar besser als er, dass der Kunstbetrieb sich nicht nur für Werke interessiert, sondern vor allem für Namen, Verbindungen und Institutionen«.[136] Die Rekrutierung geht weiter. Der Pinchuk Kunstpreis wird laufend mit neuen Namen wichtiger Akteure des Betriebs verknüpft. Im Jahr 2012 meldeten die Londoner Serpentine Galleries: »Damien Hirst helps launch prize for young artists«. Inhaltlich war dies keine Neuigkeit. Verbunden wurde der Preis nun aber mit Hans Ulrich Obrist und Julia Peyton-Jones, den Leitern der Serpentine Galleries. Auf die Anwesenheit des Künstlers Olafur Eliasson wurde in der Pressemitteilung eigens hingewiesen.

Warum sollten Direktoren der einflussreichsten Museen der Welt Interesse haben, Mitglied dieser Jury zu sein? Weil sie auf eine Gegenleistung hoffen. Sie geben ihren guten Namen – und den ihrer Institutionen – um zukünftig Unterstützung zu erhalten. Diese kann viele Formen annehmen. Konkret können das Leihgaben, Schenkungen oder finanzielle Zuwendungen für ihr Haus sein. Darüber hinaus hoffen sie vielleicht ihre Verbindungen in einem einflussreichen Netzwerk zu stärken.

Laut einer Studie des Verbands der Museen moderner und zeitgenössischer Kunst, CIMAM, hat die Zahl der Privatmuseen weltweit die der Museen in öffentlicher Hand überschritten.[137] Die Privatmuseen verfügen über eine geballte Finanzkraft, die die Ankaufsbudgets staatlicher Institutionen bei weitem übersteigt. Sie können sich in der Regel noch dazu aussuchen, wie sie ihre Mittel ausgeben. Die Öffnungszeiten sind nicht festgelegt, einen Forschungsauftrag müssen sie auch nicht erfüllen, ob sie auf Jahrhunderte angelegt sind, weiß niemand zu sagen. Private und öffentliche Museen wollen bisher mehrheitlich wachsen, an- und umbauen. Mit staatlichen Mitteln allein lässt sich dieses Wachstum nicht bewerkstelligen.

Damit kommen wir zur umgekehrten Mimikry, die von öffentlichen Institutionen in Richtung der privaten zu beobachten ist. Je nach Ausstattung eines Hauses und Ehrgeiz des Direktors kann diese sehr weitreichend sein. Als abschließendes Beispiel hierfür sei das Wiener Kunstmuseum Albertina angeführt.

Das Haus, zu dessen bedeutender grafischer Sammlung berühmte Kunstwerke wie etwa Albrecht Dürers Feldhase von 1502 zählen, öffnete in den Zwischenkriegsjahren des 20. Jahrhunderts seine Türen für das Publikum. Seit dem Jahr 2000 leitet das Museum Klaus Albrecht Schröder, der zuvor zwölf Jahre lang das Kunstforum der Bank Austria führte. 1998 zeigte er dort die Ausstellung »Das Auge des Sammlers«, der Eigentümer der Sammlung wurde nicht genannt. Es war Herbert Batliner, ein Sammler und Finanztreuhänder aus Liechtenstein. Als Schröder Direktor der Albertina wurde, unterstützte ihn Batliner. Er finanzierte über seine Propter-Homines-Stiftung eine mehr als 800 Quadratmeter große neue Ausstellungshalle.

In der Öffentlichkeit war der Name Batliner im Jahr 2000 einschlägig bekannt geworden. Eine CD-ROM, die der Bochumer Staatsanwaltschaft zugespielt worden war, enthielt Informationen über mehr als 400 Stiftungen und 150 Kunden Batliners. Es begann die erste großflächige Ermittlung gegen deutsche Steuerhinterzieher, die ihr Vermögen in Liechtenstein versteckt hatten. 119 Beschuldigte wurden zu Steuernachzahlungen und Geldstrafen in Höhe von 80 Millionen Euro verurteilt. Im Sommer 2007 wurde ein Verfahren wegen Beihilfe zur Steuerhinterziehung gegen Batliner eingestellt, gegen Zahlung einer Geldauflage in Höhe von zwei Millionen Euro.

Die Museumswelt jedoch, allen voran die traditionsreiche Wiener Albertina, zeigte sich nicht nachtragend. Im selben Jahr feierte man prunkvoll, dass Batliner dem Haus fünfhundert Gemälde seiner Kunstsammlung überließ. In Goldbuchstaben steht seitdem »Albertina« und »Sammlung Batliner« an der Fassade. Die Sammlung reicht vom Impressionismus bis zu Werken von Baselitz. Von einer unbefristeten Leihgabe war zuerst die Rede, inzwischen ist öffentlich, dass diese zunächst auf zehn Jahre beschränkt wurde. »Wie in einer Diktatur werden diese Verträge der Öffentlichkeit vorbehalten«, zitierte *Die Presse* Edelbert Köb, den ehemaligen Direktor des Wiener Museums moderner Kunst.[138]

Das Phänomen der Mimikry erfasst nicht nur private und öffentliche Kunsteinrichtungen. Sie kann auch die Künstler selbst betreffen. Als Georg Baselitz anlässlich einer Ausstellung in der Wiener Albertina 2007 am Voreröffnungsabend von Klaus Albrecht Schröder aufgefordert wurde, einige einleitende Worte für die Gäste zu sprechen, darunter eine Gruppe von Bankdirektoren und der rumänische Finanzminister, soll er die Kunst mit folgenden Worten gepriesen haben:

> »Ich bin beeindruckt, vor so vielen Bankern zu stehen und einem Finanzminister. Ich bewundere Sie. Denn Sie machen Geld aus Geld.«

Die Pointe jedoch lautete: »Die Künstler sind aber noch besser. Denn wir machen Geld aus nichts. Und wenn wir damit genug Geld verdient haben, kaufen wir uns andere Kunst, denn das ist die beste Geldanlage.«[139]

SYMBIOSE

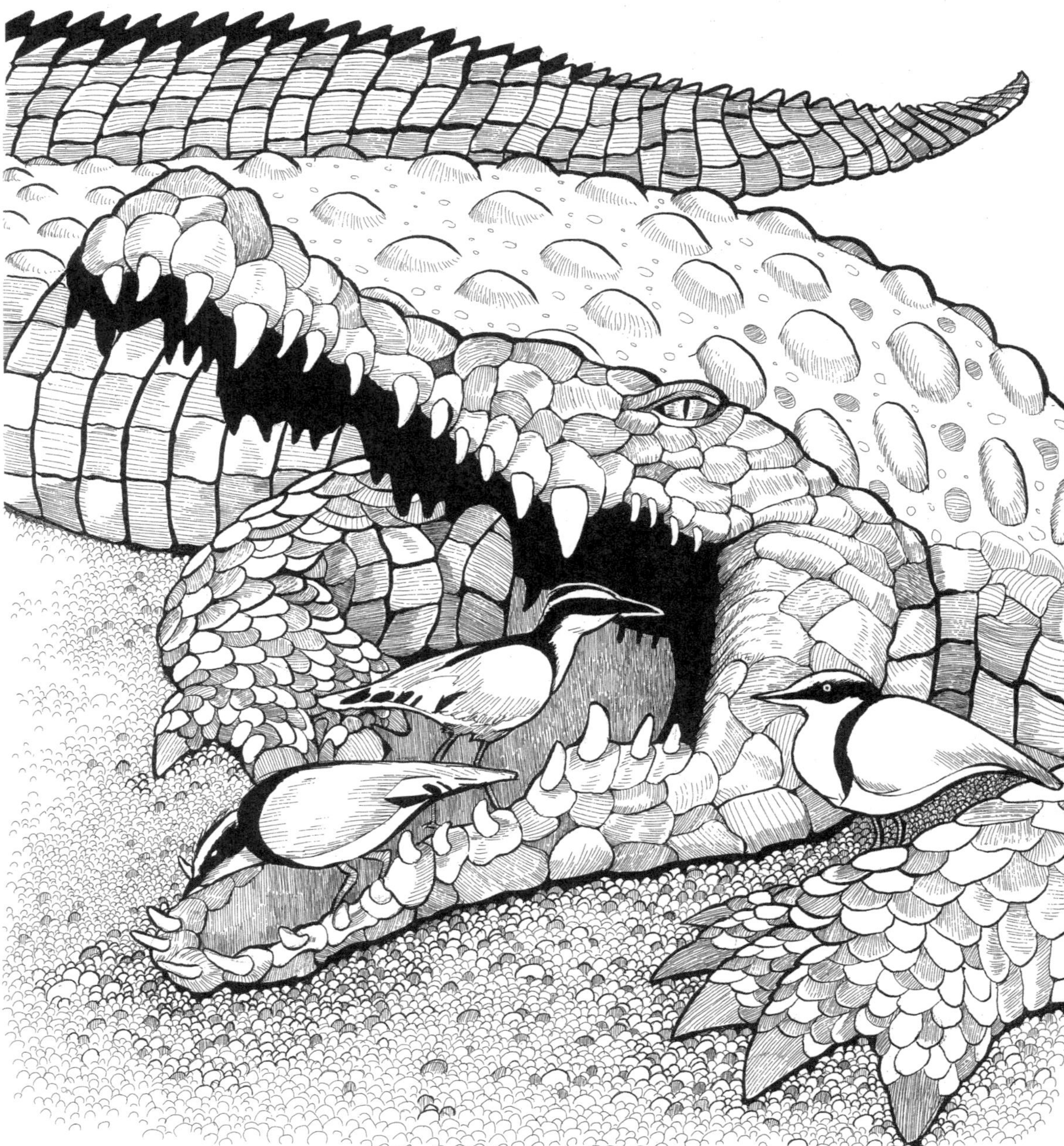

Die Malerin Lotte Laserstein, die 1898 im heutigen Polen geboren wurde, zählte die längste Zeit ihres Lebens zu den wenig bekannten Künstlern des 20. Jahrhunderts. Das Ereignis, das die Wende brachte, fiel in das Jahr 2010. Laserstein war fast zwei Jahrzehnte zuvor in Kalmar gestorben; nach Schweden war sie 1937 aus Deutschland geflohen. Wegen ihrer jüdischen Herkunft hatten ihr die Nationalsozialisten die Mitgliedschaft in der Reichskammer der Bildenden Künste verwehrt, ein Ausschluss, der einem Berufsverbot gleichkam. Ihre Werke galten außerdem als »entartet«. Die Einladung der Galerie Moderne, in Stockholm 1937 eine Einzelausstellung auszurichten, rettete Laserstein vermutlich das Leben. Ihre Mutter starb 1943 im Konzentrationslager Ravensbrück. Die Schwester überlebte in einem Berliner Versteck. Laserstein blieb in Schweden, sie kehrte nie wieder nach Deutschland zurück.[140]

Im deutschen Kunstbetrieb, der 1938 vollständig »arisiert« worden war, dachte auch nach 1945 niemand daran, sich einer jüdischen Künstlerin zu erinnern, die man vertrieben hatte.[141] Ins öffentliche Bewusstsein kehrte Lotte Laserstein erst 2003 durch eine Ausstellung im Berliner Verborgenen Museum zurück. Diesen Ausstellungsort betreibt ein Verein, der es sich zur Aufgabe gemacht hat, das Werk vergessener Künstlerinnen der Moderne aufzuarbeiten und zu fördern. Für die Laserstein-Retrospektive erarbeitete die Kunsthistorikerin Carola Krausse das Werkverzeichnis, sie kuratierte außerdem die Ausstellung.[142] Die Schau hinterließ bleibenden Eindruck, unter anderem bei Philipp Demandt, dem damaligen Referenten der Kulturstiftung der Länder und heutigen Leiter der Berliner Alten Nationalgalerie. In einem Londoner Auktionskatalog von Sotheby's entdeckte Demandt eines von Lasersteins Hauptwerken, »Abend über Potsdam« von 1930. Auf seine Anregung hin und dank des Einsatzes der Kulturstiftung der Länder und einer wieteren Stiftung wurde das Gemälde für die Berliner Neue Nationalgalerie 2010 erworben.

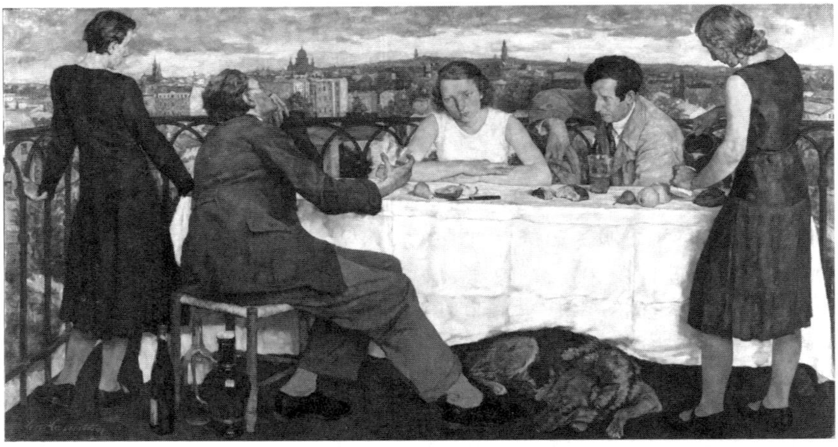

Lotte Lasersteins Gemälde »Abend über Potsdam« von 1930

Das Bild gilt als Schlüsselwerk der Künstlerin. Die Darstellung einer ermatteten Tischgesellschaft wurde als politische Allegorie interpretiert, als Trauer und Vorahnung kommender Ereignisse.

Das Werk, das in der zweiten Hälfte des 20. Jahrhunderts fast in Vergessenheit geraten war, wurde von der Neuen Nationalgalerie prominent platziert, nach der Neuordnung der hauseigenen Sammlung hing es im großen Mittelsaal. Seitdem ist es zu einem Publikumsliebling geworden. Auf dem Auktionsmarkt stiegen die Preise für ihre Bilder. Das Moderna Museet in Stockholm erwarb Gemälde der Künstlerin, zwei Porträts, ein weiteres Frauenbildnis besaß das Haus bereits zuvor. Im Jahr 2014 kaufte das Frankfurter Städel Museum das Bild »Russisches Mädchen mit Puderdose« von 1928. Mit etwas Glück könnte Laserstein also bald einen festen Platz in der Kunstgeschichte haben.

Der Fall wird hier in aller Ausführlichkeit erzählt, da bei einigen Kommentatoren das Ansehen der Museen einen Tiefstand erreicht zu haben scheint. Die Mehrzahl der öffentlichen Häuser gilt ihnen als schwach, mittel- und kraftlos, angewiesen auf die Unterstützung finanzkräftiger Mäzene, Megasammler oder Galerien. Einer dieser Skeptiker ist Kenny Schachter, ein in London ansässiger Kunsthändler. Er wurde schlagartig bekannt, als er die Gagosian Gallery verließ und seine Gründe 2012 in dem

Artikel »Why I am Leaving Gagosian« darlegte. In seinem Blog schrieb er:

> »Das MoMA ist eines der letzten großen Museen, das noch wirklich Einfluss auf die Karriere eines Künstlers ausüben kann (und auf den Markt) – nur wenige der traditionellen Instanzen der Kunstwelt (Kritiker, Zeitschriften, öffentliche Institutionen) können noch mitreden. Was zählt, sind öffentlich etablierte Preise und wichtige Sammler.«[143]

Stimmt das aber wirklich? Aus welchen Gründen legen dann die wichtigen Sammler Wert darauf, ihre Stücke in öffentlichen Museen zu zeigen, und zwar nicht nur im MoMA in New York, sondern auch in Stockholm, Neapel, Chicago, Paris, London, München oder Frankfurt? Der Fall Laserstein ist ein gutes Beispiel für den vielteiligen Kunstbetrieb, wie wir ihn, O'Doherty folgend, im Modell des Hauses vorgestellt haben. Er zeigt – wenn auch postum – zum einen, dass Kunstgeschichte weiterhin »von unten« geschrieben werden kann, durch das Engagement einer kleinen Einrichtung wie das des Verborgenen Museums. Zum anderen führt er vor, dass die Ankaufspolitik von Museen, in diesem Fall die der Neuen Nationalgalerie, der entscheidende Faktor in einer Künstlerlaufbahn sein kann.

Allerdings gibt es keine Garantie dafür, dass es so bleibt. Schachters Einschätzung eilt einer möglichen Entwicklung voraus. Gerade deshalb lohnt es sich, einen Blick auf die Machtverhältnisse zu werfen. Nach wie vor kann niemand im Alleingang bestimmen, was in die Kunstgeschichte aufgenommen wird. Wie allerdings einige Beobachter beschrieben haben, können zwei Personen bereits erheblichen Einfluss nehmen, indem sie eine Verbindung eingehen, die man in einem biologischen Modell beschreiben kann: der Symbiose.

Als symbiotisch wird die Vergesellschaftung von Individuen in der Natur dann beschrieben, wenn beide unterschiedlichen Arten angehören und wechselseitig voneinander profitieren. Einer der Autoren, der darüber schrieb, dass Tiere artübergreifend kooperieren, war der russische Schriftsteller und Geograph

Pjotr Alexejewitsch Kropotkin, der Ende des 19. Jahrhunderts eine Artikelserie über »Gegenseitige Hilfe in der Tier- und Menschenwelt« veröffentlichte. Sie erschien 1902 als Buch.[144] Von den Insekten bis zu den Vögeln und Säugetieren führt er darin zahlreiche Beispiele an, in denen Tiere oder Menschen durch Kooperation ihr Überleben sichern oder die Chancen dafür erhöhen. Seine Texte lösten eine bis heute währende Debatte darüber aus, ob kooperative Lebensweisen als erfolgreichere Strategie gelten müssen oder solche, die auf Konkurrenz und Selektion setzen.

Im Tierreich zählen die Anemonenfische, auch Clownfische genannt, zu den bekanntesten Fällen einer Symbiose. Ihren Symbiosepartner, die Seeanemonen, zwischen denen sie in den Korallenriffen des tropischen Indopazifik leben, tragen sie im Namen. Den möglichen Profiteur seines Verhaltens führt auch der sogenannte »Krokodilwächter« im Namen, den wir am Beginn des Kapitels abbilden. Es handelt sich um eine afrikanische Vogelart, mit vergleichsweise kurzem Hals und langen Beinen. Der Krokodilwächter gilt als furchtlos, selbst vor den Menschen scheint er wenig Angst zu haben. Am erstaunlichsten sind jedoch Berichte, nach denen er in geöffnete Krokodilmäuler steigt, um aus den Zahnzwischenräumen Speisereste und Parasiten herauszupicken. Was für den Krokodilwächter ein gefundenes Fressen ist, bringt das Krokodil in die glückliche Lage einer ausgiebigen Zahnpflege. Das Krokodil lässt den Vogel also im eigenen Interesse gewähren.

Ob sich der Vogel tatsächlich in den Rachen des Krokodils wagt, wird von einigen Ornithologen bezweifelt, das Prinzip der Symbiose veranschaulicht das Beispiel dennoch treffend. Nicht nur im Tierreich werden Symbiosen gebildet, auch in menschlichen Gesellschaften, besonders in der Welt der Kunst. Dieses Modell soll den Blick dafür schärfen, wie Individuen und Institutionen Verbindungen eingehen und zu welchem Zweck und mit welchen Vorteilen sie dies tun. Im Kunstsystem gibt es viele Beziehungen, die sich als Symbiose beschreiben lassen. Laserstein konnte von dem Ankauf ihres Werks nicht mehr erfahren, zu Lebzeiten hätte dieser idealerweise dazu geführt, dass

Museum und Künstlerin wechselseitig zur Vermehrung ihres Ruhms beitragen.

In einem Museum gezeigt zu werden, kann aber auch andere Vorteile haben.

Eines der jüngst in die Kritik geratenen Beispiele für eine symbiotische Vergesellschaftung ist die zwischen Kunst und Steuerrecht, zwischen Sammlern und Beratern also. Im August 2014 erstatteten beispielsweise die Brüder Viehof, Inhaber der Vibro-Beteiligungsgesellschaft in Mönchengladbach, gegen den Düsseldorfer Kunstberater Helge Achenbach Strafanzeige wegen des Verdachts auf Fälschung und Betrug. Achenbach wird vorgeworfen, er habe die Eingangsrechnungen für den »Remix«-Komplex von Baselitz gefälscht; auf Grundlage der Rechnungen erhob Achenbach seine Provision. Der Zyklus wurde 2006 von der Vibro Art erworben; er besteht aus 58 Aquarellen und sieben Gemälden. Zuerst stellte ihn die Pinakothek der Moderne in München aus, danach wurde er als auf fünfzehn Jahre befristete Leihgabe an die Albertina nach Wien gegeben.[145] Diese Vereinbarung ermöglicht den Eigentümern der Baselitz-Werke, von einer Besonderheit des deutschen Erbschaftssteuerrechts zu profitieren. Bis zu sechzig Prozent des Werts bleiben nämlich steuerfrei, wenn ein Museum ein Kunstwerk als Leihgabe längerfristig erhält und es für einen Zeitraum von zehn Jahren nicht veräußert wird. Vollständige Steuerbefreiungen winken, wenn sich die Objekte mindestens zwanzig Jahre im Familienbesitz befinden, wobei ebenfalls das zehnjährige Veräußerungsgebot gilt. Die Autoren des Buches »After Collecting. Leitfaden für den Kunstnachlass« empfehlen ihren Lesern daher:

> »Sammlern mit großem Vermögen wird vor dem Hintergrund der Steuerbefreiungen geraten, Aktiendepots in Kunstwerke umzuschichten.«[146]

Und weiter: Hier zeige sich eine »legale Möglichkeit, große Vermögen völlig an der Erbschaftssteuer vorbeizuführen«, wobei es den Erben überlassen bleibe, nach Ablauf der Bindefrist von zehn Jahren »das Kunstwerk wieder zu Geldvermögen zu machen«. Die Lagerung, Versicherung und wissenschaftliche Aufarbeitung der Kunstwerke werden für die Dauer der Leihgabe mit öffentlichen Geldern bestritten. Die Wertsteigerung und die Steuerersparnis kommen dem Sammler zugute.

Als diese Regelung 1919 eingeführt wurde, hoffte man darauf, Staat und Sammler würden wechselseitig voneinander profitieren. Kunsthistorisch wertvolle Kollektionen sollten – und sollen bis heute – erhalten und öffentlich zugänglich gemacht werden. Dafür sollen die Erben steuerlich bevorteilt werden, damit sie nicht gezwungen sind, Werke zu verkaufen. Niemand konnte vorhersehen, dass es eines Tages Sammler geben würde, die Kunst nur zu dem Zweck kaufen und dann verleihen, um der Erbschaftssteuer zu entgehen. Ob sich der Verlust von Steuermillionen mit dem Zeigen von Kunst aus sonst unzugänglichen, privaten Sammlungen rechtfertigen lässt, muss von Fall zu Fall entschieden werden. Tatsache ist jedoch, dass mit dem deutschen Steuerrecht ein lukratives Geschäftsmodell geschaffen wurde, das es einigen Kunstberatern ermöglicht, maximalen Profit für ihre Kunden aus einem Kunstwerk zu ziehen. Fast hundert Jahre nach Einführung der Regelung, nach dem gestiegenen Volumen von Erbschaften, dem drastischen Anstieg der Preise für Gegenwartskunst und dem Siegeszug der Kunstberater, muss man sich fragen, wer von dieser Symbiose profitiert. Die Vorteile für Sammler und ihre Berater sind offensichtlich – welchen Nutzen hat die Öffentlichkeit? Über die Kuh urteilte die amerikanische Biologin Lynn Margulis, sie sei für die in ihrem Darm tätigen Organismen nicht mehr als ein »40 Gallonen umfassender Fermentationstank«. Sollte für einige Kunstberater und Sammler das Museum vor allem ein Umschlagplatz für Erbschaftssteuerersparnisse sein?

Zu den symbiotischen Machtbeziehungen des zeitgenössischen Kunstbetriebs zählt Isabelle Graw insbesondere die von einigen Händlern und Sammlern. Graw spricht vom »dealer-collector-system«, dem Händler-Sammler-System.[147] Beispiele hierfür haben uns bereits beschäftigt. Jeff Koons' Karriere etwa verdankt sich der Verbindung von Galeristen wie Ileana Sonnabend und Larry Gagosian mit finanzkräftigen Sammlern wie Peter M. Brant, François Pinault oder Robert und Adrian Mnuchin.[148] Charles Saatchi verkörpert beide Rollen, indem er eine eigene Galerie führt und zugleich sammelt. Auch Peter und Irene Ludwig, die ihre umfassende Pop-Art-Sammlung von 1968 an über die Galerien Zwirner, Sonnabend und Castelli bezogen, bildeten mit ihren Quellen ein solches Händler-Sammler-System. Der Einfluss des Aachener Ehepaars auf die Geschichte der Pop Art kann kaum überschätzt werden. Der amerikanische Künstler Roy Lichtenstein soll sich bei seinem deutschen Galeristen Rudolf Zwirner darüber beschwert haben, dass »alles nach Deutschland ging, und dann noch in so eine Provinzstadt wie Köln und nicht nach Washington D.C., Los Angeles oder ins Museum of Modern Art in New York«.[149] Was Lichtenstein ärgerte, war aber nicht nur für Köln, sondern auch für die Pop Art ein Glücksfall. Die Ludwigs verliehen der Bewegung Museumsweihen, sie kauften, bevor die großen amerikanischen Museen nachzogen. Bereits 1969 machten sie das Suermondt-Museum in Aachen mit zunächst einhundert Leihgaben zum Haus mit dem umfangreichsten Bestand an internationaler Gegenwartskunst in Deutschland. Ihre Schenkung von rund 350 Werken an die Stadt Köln führte 1976 zur Gründung des Museums Ludwig. Auch aus einem weiteren Grund verdankt die Pop Art den Ludwigs den Einzug in den Kanon. Während die großen amerikanischen Pop Art-Sammlungen, etwa die Leon Kraushars oder Robert und Ethel Sculls, bereits 1968 und 1973 wieder auf den Markt getragen wurden, verkauften die Ludwigs kein einziges Stück.[150] Kraushar, ein Versicherungsmakler, verglich die Werke der Pop Art mit »IBM Aktien«[151]. Was die Ludwigs dagegen erwarben, behielten sie, um es an Museen weiterzugeben. Die Kuratoren der Schau »Ludwig Goes Pop« schreiben im Vorwort des Katalogs:

> »Ganz im Unterschied zum Typus des Spekulationssammlers, wie wir ihn heute kennen – wie ihn zum Beispiel François Pinault, Victor Pinchuk und Charles Saatchi verkörpern –, der durch Wiederverkauf Gewinn erzielt

> oder zumindest einen permanenten Wandel des Sammlungsbildes forciert, lag für Peter und Irene Ludwig der Mehrwert ihrer Sammlung stets in deren bleibend musealer Platzierung.«[152]

Vereinfacht gesprochen war der Gewinn, den Peter und Irene Ludwig aus ihrer Zusammenarbeit mit Galeristen wie Zwirner, Sonnabend oder Castelli zogen, der Erwerb von Nachruhm. Der Gewinn von Spekulationssammlern besteht dagegen in der Schaffung eines finanziellen Mehrwerts. Auch innerhalb des Händler-Sammler-Systems gibt es also Unterschiede.

Als Isabelle Graw 2008 die Frage nach der Bedeutung von Händlern und Sammlern im Kunstbetrieb der Gegenwart aufwarf, hatte sie eine historische Entwicklung im Blick. Hintergrund ihrer Analyse war das sogenannte »Dealer-Critic-System«, das »Händler-Kritiker-System«, das von den Soziologen Harrison C. und Cynthia A. White in ihrem Buch »Canvases and Careers: Institutional Change in the French Painting world« 1965 zuerst beschrieben wurde. Graw geht es um einen Strukturwandel, in dessen Verlauf die Bedeutung der Kritiker abnimmt, die der Sammler dagegen wächst. Dieser Systemwechsel soll hier ausführlicher behandelt werden, da er die Frage nach sich zieht, welche Möglichkeiten der Kritik bleiben.

In »Canvases und Careers« unterscheiden die Whites drei Kunstproduktionssysteme in der Geschichte: die Zünfte und Gilden des Mittelalters und der frühen Neuzeit, die königlichen Akademien des Barock und der Aufklärungszeit, und das Händler-Kritiker-System, das sich den Whites zufolge mit dem Impressionismus durchgesetzt hat:

> »Die Händler und Kritiker, einst Randfiguren des Akademiesystems, stiegen mit dem Impressionismus ins Zentrum des neuen Systems auf.«[153]

Es waren historische Entwicklungen, die nur zum Teil innerhalb des Kunstbetriebs lagen, die Kritikern und Händlern die Möglichkeit boten, eine führende Stellung einzunehmen. Für den

Erfolg der schreibenden Zunft, die Journalisten und Schriftsteller, bereiteten Veränderungen im Druckereiwesen den Boden. Zeitungen und Zeitschriften stiegen zu Massenmedien auf, das Publikum des Kritikers, sein Wirkkreis, multiplizierte sich. Gleichzeitig war das vom König und der Akademie beaufsichtigte Salonsystem nicht in der Lage, einer steigenden Zahl von Künstlern Platz zu bieten. Im Jahr 1863 etwa wurden im Palais des Champs-Élysées für den Salon fünftausend Arbeiten eingereicht, von denen die Jury lediglich 2217 annahm, die Misserfolgsquote lag damit bei fast sechzig Prozent. Von den dreitausend Künstlern, die auf eine Teilnahme hofften, erhielten nur 988 eine Zusage. Zu den mehr als zweitausend Abgewiesenen zählten auch anerkannte Maler, wie etwa Johan Barthold Jongkind, der 1852 bei der Salonausstellung noch mit einer Goldmedaille ausgezeichnet worden war. Der einunddreißigjährige Édouard Manet, der das Gemälde »Frühstück im Grünen« eingereicht hatte, das sich heute im Musée D'Orsay befindet, erhielt ebenfalls eine Absage, wie der amerikanische Maler James McNeill Whistler für »Mädchen in Weiß«. Die Ereignisse führten bekanntlich zur Gründung des Salon des Refusés, der am 15. Mai 1863 eröffnete, nur zwei Wochen nach dem Beginn des offiziellen Salons am Monatsanfang.[154]

Während die Menge der Abgewiesenen wuchs, fiel es selbst Künstlern, die am Salon teilnahmen, immer schwerer, in der Überfülle für eine angemessene Wahrnehmung ihrer Werke zu sorgen. In diese Lücke stießen die Händler. Ihr Geschäft diente nicht nur als Überlaufbecken für diejenigen, die vom Salon verschmäht worden waren. Die Galerie bot Exklusivität. Im Zentrum stand nun das Gesamtwerk eines Künstlers, sein bisheriges Schaffen, seine Entwicklung und das Versprechen seiner Zukunft. Der Salon, in dem sich ein Werk an das andere reihen musste, büßte an Attraktivität ein. Im Jahr 1880 fand zum letzten Mal eine Salon-Ausstellung statt, deren Organisation in den Händen des französischen Staats lag.

Als herausragendes Beispiel für den neuen Galeristentypus kann Paul Durand-Ruel gelten, der 1831 in Paris geboren wurde, und als einer der wichtigsten Händler der Impressionisten

Geschichte schrieb. Ende der 60er Jahre des 19. Jahrhunderts erwarb er zunächst große Werkgruppen der Schule von Barbizon und handelte mit Werken Alter Meister, wie Rembrandt, Goya, Velazquez und Ruysdael, die er vornehmlich nach Amerika verkaufte, wo sich ein großer Markt gebildet hatte.[155] Im Jahr 1870 zeigte er die erste Ausstellung in London, wohin er vor dem deutsch-französischen Krieg geflohen war. In seiner Galerie auf der Bond Street stellte er die ersten Gemälde von Claude Monet und Camille Pissarro aus.[156] Vier Jahre später organisierten diese Künstler, zusammen mit mehr als zwei Dutzend weiteren, darunter die Künstlerin Berthe Morisot, in dem Pariser Studio des Fotografen Nadar eine Schau. Ein Gemälde Monets mit dem Titel »Impression, soleil levant« zog die Aufmerksamkeit des Kritikers Louis Leroy auf sich, der die Gruppe daraufhin als »Impressionisten« betitelte. Der Begriff wurde später zur Epochenbezeichnung.

Durand-Ruels Geschäfte liefen nicht von Beginn an gut. Er war nicht nur Galerist – sondern auch Mäzen und Spekulant. Wie die Königshäuser, die ihren Hofmalern ein festes Einkommen zahlten, unterstützte auch Durand-Ruel seine Künstler finanziell in Zeiten, in denen sie nichts verkauften. Diese Praxis und die zunächst ausbleibenden Verkäufe trieben ihn mehrfach an den Rand des Ruins. Von Manet erwarb er, als er dessen Atelier in den 1870er Jahren besuchte, 23 Bilder für den Preis von 35.000 Francs. Einige Jahre zuvor, 1866, hatte der Schriftsteller Émile Zola über Manets Werk geurteilt, dass er es für eine gute Investition hielte und selbst sämtliche Arbeiten kaufen würde, wenn er über genügend Geld verfügte:

> »In fünfzehn Jahren werden sie sich für das Fünfzehn- oder Zwanzigfache ihres Werts verkaufen und einige andere Bilder, die jetzt 40.000 Francs kosten, werden nicht fünfzig wert sein.«[157]

Zola sollte Recht behalten. Als Durand-Ruel Manets Gemälde später vornehmlich an Museen und Sammler in Amerika vermittelte, betrugen seine Einnahmen 800.000 Francs, mehr als das

Zwanzigfache dessen, was er gezahlt hatte.[158] Wie bereits erwähnt, suchte Durand-Ruel aktiv die Nähe zu den Kritikern und beauftragte Autoren, für die Publikationen seines Hauses zu schreiben, wie etwa im Fall von Armand Silvestre. Aus solchen Verbindungen zogen Kritiker und Galeristen wechselseitigen Nutzen. Sie hatten, was die öffentliche Geschmacksbildung und die Kunstproduktion anbetraf, die Stelle eingenommen, die einst der Hof und die königlichen Akademien besetzten.

Die Symbiose zwischen Kritikern und Händlern stand am Beginn des modernen Kunstbetriebs. Heute erregt sie jedoch auch Misstrauen. Wie überzeugend ist ein Text, der von einem Kritiker im Auftrag eines Galeristen geschrieben wird? Was zählt das bestellte Lob in einem Katalog? Viele freischaffende Autoren befinden sich inzwischen in der schwierigen Situation, zum einen ihr Einkommen bestreiten und die Karriere planen zu müssen, zum anderen Unabhängigkeit zu wahren. Dieses Dilemma ist kaum zu lösen. Für die Kritiker aber, die fest bei einer Zeitung angestellt sind, sollte meines Erachtens der Grundsatz gelten, keine Auftragstexte für Galeristen, Sammler oder Auktionshäuser zu verfassen. Die Zeitung bezahlt ihre Mitarbeiter dafür, sich eine unabhängige Meinung zu bilden; Auftraggeber zahlen für Lob. Die beiden Sphären, Kritik und Geschäft, sollten sich nicht vermischen. Ebensowenig dient es dem Ruf von Gutachtern, wenn diese für ihre Dienste hohe Beträge kassieren und an dem Verkauf von Werken mit Provisionen beteiligt sind.[159]

Die Symbiose zwischen Kunstkritikern und Künstlern ist weniger anrüchig, sie kann aber zu einer Ermüdung der Leserschaft führen. Verrisse gibt es im Vergleich zur Literaturkritik relativ selten, beim Schreiben über Ausstellungen überwiegt die wohlwollende Schilderung. Viele Autoren, die Kunstkritiken verfassen, legen selbst keinen Wert darauf, zu urteilen, wie eine Umfrage der Columbia University von 2002 ergab. Werke zu beschreiben wurde darin als höchstes Ziel angegeben, sie zu bewerten, galt unter den Befragten dagegen als weniger wichtig. Diese Entwicklung sei, so der Kunsthistoriker James Elkins, so erstaunlich, als ob »Physiker erklärten, sie möchten das Weltall nicht mehr verstehen, sondern einfach nur genießen«.[160]

Für die Scheu vor negativen Urteilen gibt es auch historische Gründe. Im Mai 1939, wenige Monate vor Beginn des Zweiten Weltkriegs, erklärte der amerikanische Präsident Franklin D. Roosevelt in einer Radioansprache das New Yorker Museum of Modern Art zu einer »Zitadelle der Zivilisation«, zu einer Trutzburg also gegen die repressive Kunstpolitik im NS-Staat und der Sowjetunion.

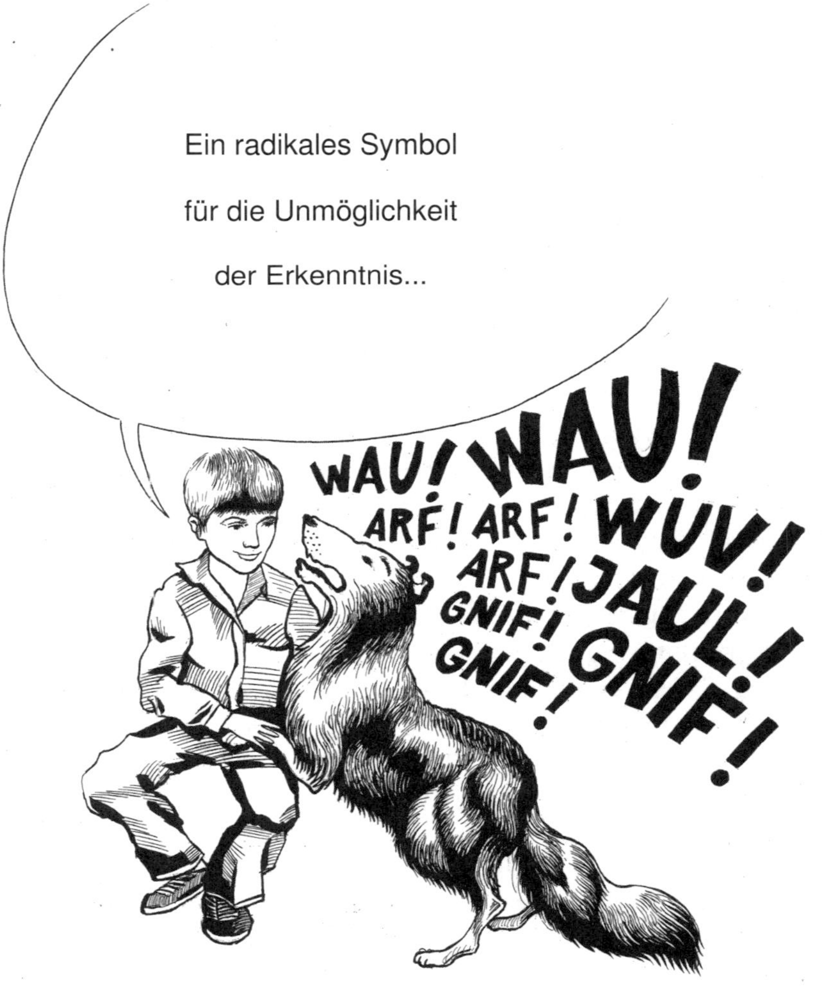

In diesem Sinne wurde auch in der Bundesrepublik nach 1945 die moderne Kunst Teil der sogenannten »Reeducation«. Die Museen dienten als Ort der politischen Aufklärung, der Bildung, als Heilmittel gegen die vergiftete Propaganda der Nationalsozialisten. Die Rollen waren damit verteilt. Es gab die Bevölkerung, die Laien und Betrachter, die im Verdacht standen, noch immer den Nazis aufzusitzen und jede Form der modernen oder zeitgenössischen Kunst zu verachten. Es gab die Künstler, die als wild, frei und kreativ galten. Und es gab die Museen und Kritiker, die als Beschützer der Künstler wirken sollten, als Verbündete, ihr Sprachrohr.

Niemand würde bezweifeln, dass es für diese Rollenverteilung einmal gute Gründe gab. Sie war aber zugleich von Beginn an fehlerhaft, da sich die Akteure des NS-Kunstbetriebs, die Museumsdirektoren, Händler, Sammler, Kritiker oder Kunsthistoriker, nicht weniger hatten zu Schulden kommen lassen als etwa das Publikum. Während es aber üblich ist, die Betrachter aufzufordern, sich zu hinterfragen und mit liebgewordenen Anschauungen zu brechen, scheint die Mehrheit des Kunstbetriebs weiter für sich zu beanspruchen, von vornherein auf der richtigen Seite zu stehen. Der einseitige Automatismus, nach dem der Betrachter stets mit einer gewissen Bringschuld vor das Werk tritt, hat im Schreiben über Kunst ein eigentümliches Esperanto hervorgebracht.[161] Der ständigen Überhöhung dessen, was »man« als Betrachter sieht, scheinen keine Grenzen gesetzt.

Schlechtestenfalls stellt sich bei der Lektüre solcher Texte ein ähnliches Gefühl ein, wie beim Schauen der CBS-Serie »Lassie«. Folge für Folge sollten die Zuschauer Timmy und seiner Familie glauben, dass sie Lassies Hundegebell in komplexe Aussagesätze verwandeln konnten. Lassie bellte, Timmy oder sein Vater kannten Ort und Zeitpunkt des Notfalls, die Zahl der Verletzten und wie am schnellsten Hilfe geleistet werden musste. So wenig der Zuschauer Lassies Sprache versteht, so wenig sind oftmals die erschütternden Tiefen nachzuempfinden, die einige Kritiker Kunstwerken zusprechen. Der Übergang von Kritik zu Pressemitteilung und Museumspädagogik ist dabei häufig fließend. Die Installation »12 Scheiben (Reihe)« des deutschen Künstlers Gerhard Richter etwa, die 2013 in der Fondation Beyeler ausgestellt war, besteht aus spiegelnden Glasscheiben, die eine Stahlkonstruktion hält. Sie ähnelt, wenn man sie weniger entgegenkommend beschreibt, einem Modell für Investorenarchitektur. In der existentialistischen Prosa der Saaltexte hieß es dagegen:

> »Immer wieder beschäftigt sich Gerhard Richter mit der Frage nach der Bedeutung von Abbildhaftigkeit und der Verschleierung derselben. Er selbst beschreibt die Glasobjekte als ›Tore zum Nichts‹. [...] Der Betrachter wird Teil des sich ständig verändernden, nur temporär existierenden Bildraums, der gleichzeitig einen architektonischen Raum konstruiert. Das Kippen der Scheiben aus der Vertikalen unterstreicht die Fragilität des Materials und die prekäre Balance. Glas hat für Gerhard Richter einen Symbolgehalt als Zeichen der Unmöglichkeit von Erkenntnis.«[162]

Nicht selten landen solche Texte unverändert in Kritiken. Dort illustrieren sie die Unmöglichkeit von Erkenntnis auf unfreiwillige Weise.

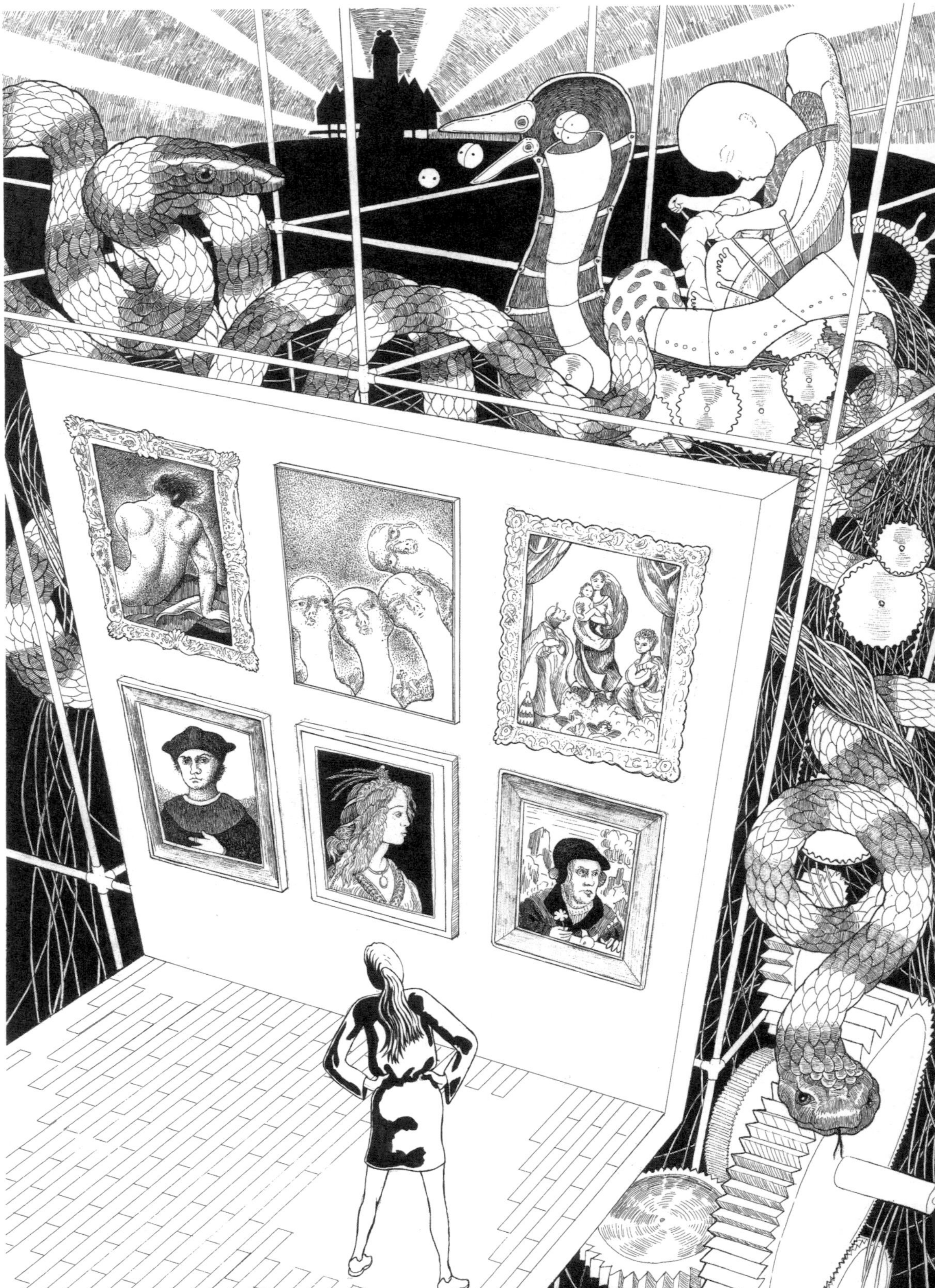

Schluss

Dieses Buch schließt mit einer guten und einer schlechten Nachricht. Die Kunstwelt durchläuft – womit wir zuerst bei der schlechten Nachricht wären – einen Strukturwandel. Es gibt eine Vielzahl von winzigen Galerien, die mit Leidenschaft betrieben werden, ohne Aussicht auf Gewinn oder auch nur darauf, sich tragen zu können. Es gibt einen Mittelstand bei den Künstlern, Sammlern und Galeristen, der unter Druck gerät. Und es gibt die großen international operierenden Galerieketten, deren Künstler auf Auktionen Höchstpreise erzielen. Zu ihren Kunden zählen Großsammler, die ihre Kollektionen in Privatmuseen oder vorübergehend in öffentlichen Häusern platzieren. Letztere sind zunehmend darauf angewiesen, vorfinanzierte Ausstellungen aus Privatmuseen zu übernehmen, um Kosten zu sparen. Diese Entwicklung erinnert an die 1990er Jahre, als der mittelständische Einzelhandel in den Innenstädten den Filialen der großen Ketten weichen musste. Eine Sammlung von Gegenwartskunst kann heute dieselbe Tristesse verbreiten wie der Duty-Free-Bereich eines internationalen Flughafens, in dem sich die immer gleichen Luxusboutiquen aneinanderreihen.

Niemand kann etwas dagegen haben, dass mit Kunst Geld verdient wird. »Wie jeder Handel«, führte 1959 der deutsch-französische Galerist und Kunsthistoriker Daniel-Henry Kahnweiler aus, »bemüht sich der Kunsthandel im allgemeinen um Geldverdienen. Er kauft Bilder, um sie mit Gewinn weiterzuverkaufen«.[163] Kahnweiler war in jenem Jahr nach Baden-Baden eingeladen worden, um dort unter anderem mit Theodor W. Adorno und Max Bense die Frage zu diskutieren, ob die Moderne Kunst »gemanagt« werde. Kahnweiler, der sich insbesondere für die Kubisten eingesetzt hatte, verneinte die Frage und belegte mit vielen Beispielen, warum es keinen Dirigismus im Kunstmarkt geben könne. Er bestritt nicht, dass mit Kunst spekuliert werde, behauptete aber, selbst keinen Spekulanten zu kennen.

Heute, etwa ein halbes Jahrhundert später, könnte das bei einer vergleichbaren Diskussion niemand mehr von sich sagen. Kahnweiler hätte über die Zahl der sammelnden Hedgefondsmanager ebenso gestaunt, wie darüber, dass der Kauf von zeitgenössischer Kunst dazu genutzt wird, Anlageportfolios zu diversifizieren.[164] Er konnte nicht ahnen, dass eines Tages Akteure wie François Pinault über die gesamte Kunstwertschöpfungskette verfügen würden – von der Sammlung über das Museum bis hin zum Auktionshaus. Zu seinen Zeiten existierten Garantiegeber für Mindestpreise bei Auktionen ebenso wenig wie Fachbuchautoren, die Sammlern mit großem Vermögen raten, Aktiendepots in Kunstwerke umzuschichten und diese an Museen zu verleihen. Überrascht hätte ihn vielleicht auch zu erfahren, dass – wie die Künstlerin Andrea Fraser vorgerechnet hat – die Preise auf dem Kunstmarkt um 14 Prozent steigen, wenn das Einkommen der 0,1 Prozent Spitzenverdiener um nur ein Prozent zunimmt.[165] Kahnweiler erlebte noch den Boom der Museumsgründungen nach 1945, bei dem weltweit mehr Museen gebaut wurden als je zuvor.[166] Der nächste Boom folgte um die Jahrtausendwende, dieses Mal waren es jedoch Privatmuseen, die errichtet wurden. Inzwischen gibt es mehr Privatmuseen für zeitgenössische Kunst als öffentliche.[167] Diese Veränderungen haben wir hier beschrieben.

Was könnte die gute Nachricht sein? Eine Entwicklung zu beschreiben, heißt nicht, sie fatalistisch hinnehmen zu müssen. Unser Buch soll einen Beitrag dazu leisten, eine gewisse Waffengleichheit herzustellen. Je mehr sich einzelne Akteure darum bemühen, Wertsteigerungsstrategien und Spekulationen mit Kunstwerken vor der Öffentlichkeit zu verbergen, umso wichtiger ist es, diese zu recherchieren und offenzulegen. Die Aufklärung darüber gehört unserer Ansicht nach zu den Kernaufgaben gegenwärtiger Kunstkritik. Solange es öffentliche Museen gibt und Bürger, die dafür Steuern zahlen, sollte für größtmögliche Transparenz gesorgt werden. Der Kunstkritik fällt damit eine Verantwortung zu, der sich bisher vornehmlich Journalisten stellen müssen, die über Politik oder Wirtschaft schreiben.

Dabei hat die Kunstkritik ihre Möglichkeiten bisher nicht ausgeschöpft. Einige Kunstwerke werden heute ebenso professionell und profitabel kalkuliert wie das neueste Luxusauto. Trotzdem ist es noch immer üblich, über Kunst zu schreiben, als handele es sich um eine bedrohte Art. Wer die Verhältnisse kennt, wird sich auf vielen Pressekonferenzen so fühlen, als habe Coca-Cola dazu eingeladen, die Form der Flasche zu interpretieren. Dabei ist es nicht nur ein Gebot der Transparenz, über die Hintergründe zu schreiben. Form und Inhalt bedingen einander bekanntlich. Wenn es zum Inhalt von einigen Kunstwerken zählt, möglichst große Investitionssummen in sich aufzunehmen, dann verändert dies auch die äußere Gestalt. Der Gigantismus der gegenwärtigen Kunstproduktion fällt nicht vom Himmel. Er ist der Epochenstil einer Finanzelite, die nach teuren Anlageprodukten sucht. Dasselbe gilt – wie bereits beschrieben – für die Ästhetik der »Flip-Art-Malerei«.

Die Aufforderung, den Kontext mit einzubeziehen, richtet sich nicht nur an die Kunstkritik, sondern auch an das Fach Kunstgeschichte. Wenige Kunsthistoriker, die an Universitäten lehren und forschen, schreiben ausschließlich über Gegenwartskunst, viele aber regelmäßig. Warum sollten für die Gegenwart andere Regeln gelten als für die Vergangenheit? Kein Renaissance-Forscher könnte es sich erlauben, die Auftraggeber auszublenden, das Zeitgeschehen, die Machtverhältnisse oder Adressaten eines Kunstwerks. »Das Märchen von der großen Kunst«, schreibt der Kunsthistoriker Jan von Brevern mit Blick auf sein Fach, »die irgendwo im luftleeren Raum von großen Künstlern erdacht wird, um dann von großen Kunstkennern erkannt und gepriesen zu werden, hält sich dennoch hartnäckig«.[168] Der wissenschaftliche Rang der Kunstgeschichte wurde im späten 19. und frühen 20. Jahrhundert von Forschern wie Jakob Burckhardt oder Aby Warburg begründet, die Kunst vor dem Hintergrund der Gesellschaft verstehen wollten, aus der sie hervorging. Es gibt keinen Grund, warum sich Kunstgeschichte und Kunstkritik von diesem Standard verabschieden sollten. Bisher liegt der Schwerpunkt von Analysen zeitgenössischer Kunst auf formalen Fragen. Die konkreten

Umstände, unter denen sie entsteht, werden dagegen oft ausgeblendet.

Entgegen der häufig vorgetragenen Ansicht, die öffentlichen Museen hätten in den vergangenen beiden Jahrzehnten an Bedeutung verloren, war uns wichtig, zu zeigen, dass ihre Unterstützung nach wie vor zu den entscheidenden Faktoren einer Künstlerlaufbahn zählt. Aus diesem Grund legen private Sammler bis heute Wert darauf, ihre Werke dort auszustellen. Diese Schlüsselposition wird von den Museen kaum thematisiert. Was aber würde passieren, wenn eines Tages Museen nicht mehr wie der Finanzsektor wachsen und expandieren wollen, sondern einer eigenen Logik folgen? Im Musikbetrieb haben sich Sparten auseinanderentwickelt, die meisten Opernhäuser werden beispielsweise öffentlich finanziert, die Musicalhäuser dagegen privat. Die privaten Veranstalter investieren in ihre Produktionen, sie betreiben das Marketing und tragen das Risiko, ohne sich dabei von öffentlichen Institutionen absichern zu lassen. Wäre ein solcher Weg auch für das Kunstsystem vorstellbar? Über diese Möglichkeiten sollte öffentlich diskutiert werden.

Das Schönste am Schreiben über Kunst ist es, auf Künstler, Werke, Ausstellungen oder Sammlungen zu treffen, die einen begeistern. In manchen Fällen kann man solchen Entdeckungen zu größerem Publikum verhelfen. Kaum jemand kann sich wünschen, dass die Künstler, mit denen das meiste Geld verdient wird, automatisch Kunstgeschichte schreiben. Oder umgekehrt, dass die Künstler, mit denen sich nur wenig oder kein Geld verdienen lässt, ebenso automatisch aus dem Kanon gestrichen werden.[169] Die meisten wünschen sich das Kunstsystem als eine Welt, in der viele Welten möglich sind. Wem an dieser Vielfalt etwas liegt, sollte sich für Transparenz einsetzen – und hinter die weiße Wand schauen.

Dank

Dieses Buch geht auf einen Vortrag zurück, den ich 2013 beim Deutschen Kunsthistorikertag in Greifswald gehalten habe. Beate Söntgen und Peter Geimer leiteten dort ein Panel über das Verhältnis von Kunstkritik und Kunstgeschichte. Beiden möchte ich für ihre Kritik und Anregungen danken. Für Hinweise und Kritik danke ich auch Charlotte Klonk und Bénédicte Savoy. Oliver Elser danke ich für die Hilfe bei den Recherchen zu Heinrich Klotz und dafür, dass ich meinen Beitrag zum Katalog »Die Klotz-Tapes. Das Making-of der Postmoderne« in veränderter Form verwenden durfte. Zu Dank verpflichtet bin ich ebenfalls meinen Kollegen aus der Redaktion, die hier mit ihren Beiträgen zitiert werden: Rose-Maria Gropp, Niklas Maak, Swantje Karich, Patrick Bahners, Jordan Mejias und Andreas Rossmann.

Wir danken Barbara Voss, Michael Deines und Max Apel für ihre Anmerkungen und Anregungen. Markus Weisbeck danken wir für seine Ideen und die Hilfe bei der grafischen Gestaltung. Schließlich: Die Zusammenarbeit mit Tom Lamberty und den Mitarbeitern des Merve-Verlags war eine reine Freude.

Bildnachweise

Abb. 1 S. 8 — Charles Darwin in einer Karikatur aus dem Jahr 1871, in: *Fun*, 22. Juli 1871, S. 38.

Abb. 2 S. 19 — Besucher einer Ausstellung in der Royal Academy im Jahr 1821, in: Pierce Egan, *Life in London; or the Day and Night Scenes of Jerry Hawthorn, Esq. and his Elegant Friend Corinthian Tom: Accompanied by Bob Logic, the Oxonion, in their Rambles and Sprees through the Metropolis*, London 1821.

Abb. 3 S. 20 — Besucher einer Ausstellung von Hans Hollein. apa/Markus Leodolter.

Abb. 4 S. 22 — Besucher auf der documenta II im Jahr 1959, fotografiert von Hans Haacke. Hans Haacke/VG Bild-Kunst, Bonn 2011.

Abb. 5 S. 29 — Crick und Watsons Doppelhelix-Modell der DNA. Antony Barrington-Brown / Science Photo Library.

Abb. 6 S. 33 — Charles Darwins Evolutionsdiagramm aus dem Jahr 1859, in: *Über die Entstehung der Arten im Thier- und Pflanzen-Reich*, Stuttgart 1860, zur Seite 121.

Abb. 7 S. 34 — Alfred H. Barrs Diagramm zur Stilentwicklung aus dem Jahr 1936, in: Alfred H. Barr, Jr., *Cubism and Abstract Art*, Ausstellungskatalog, MoMA, New York 1936, Schutzumschlag recto.

Abb. 8 S. 38 — Elsa von Freytag-Loringhovens Readymade »God« aus dem Jahr 1917. Photo: Morton Schamberg. Elisha Whittelsey Collection, Elisha Whittelsey Fund, 1973.

Alle weiteren Illustrationen stammen von Philipp Deines.

Anmerkungen

1 Julia Voss, *Darwins Bilder. Ansichten der Evolutionstheorie 1837 bis 1874*, Frankfurt a. M. 2007.

2 Vgl. Daniel Tyradellis, *Müde Museen. Oder: wie Ausstellungen unser Denken verändern könnten*, Hamburg 2014, S. 71.

3 Stefan Koldehoff und Tobias Timm, *Falsche Bilder – echtes Geld. Der Fälschungscoup des Jahrhunderts – und wer alles daran verdiente*, Berlin 2012, S. 11.

4 »Art Criticism is massively produced, and massively ignored.« James Elkins, *What Happened to Art Criticism?*, Chicago 2007, S. 4.

5 Sir Norman Rosenthal, »Eine Ausstellung von ungewöhnlicher Schönheit«, in: *Frankfurter Allgemeine Zeitung*, Briefe an die Herausgeber, 4. Juni 2008, S. 8.

6 Robert Storr äußerte sich in diesem Sinne in seinem Essay »Diogenes of the Funny Pages«, in: Kristine Bell und Anna Grey (Hg.), *How to Look. Ad Reinhardt Art Comics*, Ostfildern 2013, S. 5-19, hier S. 17.

7 Zitiert nach Harrison C. White und Cynthia A. White, *Canvases and Careers. Institutional Change in the French Painting World*, with a new foreword and afterword, Chicago, IL 1993, S. 123. Übersetzung J.V.

8 James A. M. Whistler, »Whistler gegen Ruskin: Kunst und Kunstkritiker«, in: Ders., *Die artige Kunst, sich Feinde zu machen*, mit einem Nachw. und einem bibliogr. Anhang hg. v. Wolfgang Wicht, Dresden 1996, S. 33-43, hier S. 40.

9 Ebd.

10 Brian O'Doherty, *In der weißen Zelle. Inside the White Cube*, Berlin 1996, S. 10.

11 Die Kunsthistorikerin Charlotte Klonk hat darauf hingewiesen, dass der weiße Ausstellungsraum erst mit der Minimal Art seine sakrale Aura erhielt. Zuvor sollte er gerade Lebensnähe demonstrieren, da mit ihm moderne Innenarchitektur- und Modetrends aufgegriffen wurden. Vgl. Charlotte Klonk, »Wie die weisse Wand ins Museum kam und der White Cube zum Mythos wurde«, in: Martin Engler und Max Hollein (Hg.), *Gegenwartskunst 1945 – heute im Städel Museum*, Ausst.-Kat., Ostfildern 2012, S. 311-319.

12 Anthony Grafton, *Die tragischen Ursprünge der deutschen Fußnote*, Berlin 1995.

13 Ich danke Charlotte Klonk für diesen Hinweis. Zur Tradition der Besucherverspottung siehe C. Suzanne Matheson, »A Shilling Well Laid Out': The Royal Academy's Early Public«, in: David H. Solkin (Hg.), *Art on the Line: The Royal Academy Exhibitions at Somerset House, 1780-1836,* New Haven, CT und London 2001, S. 39-53.

14 Thomas Bernhard, *Alte Meister*, Frankfurt a. M. 1988, S. 49f.

15 Zitiert nach Colette M. Schmidt, »Kunstbrüche, Utopien und die Sittenpolizei«, in: *DER STANDARD*, 26./27. November 2011.

16 Beverly Serrell, *Exhibit Labels: An Interpretive Approach*, Walnut Creek, CA 1996; Marlene Chambers, »Sometimes More is Too Much«, *Curator. The Museum Journal*, 1/2009, Vol. 52(1), S. 67-76.

17 Walter Grasskamp, *Fotonotizen, documenta 2, 1959*, Siegen 2011, S. 11.

18 Hans Haacke, »Manet-PROJEKT'74«, in: Eckhart Gillen (Hg.), *Deutschlandbilder. Kunst aus einem geteilten Land*, Ausst.-Kat., Köln 1997, S. 350f.

19 In der Ausstellung waren die Bilder nicht einzeln ausgeschildert, die Informationen zu den Titeln und Besitzern wurden aber im Ausstellungsraum in einem Handout gegeben.

20 *Financial Times*, 13. September 2013.

21 Kia Vahland, »Der Fotokopist«, *Süddeutsche Zeitung*, 20. September 2013, S. 12.

22 Swantje Karich, »Was erwarten wir von einer Kunsthalle der Bundesrepublik?«, *Frankfurter Allgemeine Zeitung*, Feuilleton, 25. Juni 2012, S. 27.

23 David Barboza, »An Auction of New Chinese Art Leaves Disjointed Noses in Its Wake«, in: *The New York Times*, 7. Mai 2008.

24 »We seriously regret that it turned out to be mere speculation, and there was dishonesty«, ebd.

25 Noah Horowitz, *Art of the Deal*, Princeton, NJ 2011, S. 281.

26 Soraya de Chadarevian, »Models and the Making of Molecular Biology«, in: Dies. und Nick Hopwood (Hg.), *Models. The Third Dimension of Science*, Stanford, CA 2004, S. 339-368.

27 Zu Architekturmodellen vgl. Oliver Elser und Peter Cachola Schmal (Hg.), *Das Architekturmodell. Werkzeug, Fetisch, kleine Utopie*, Zürich 2012.

28 Hans-Jörg Rheinberger, »Überlegungen zum Begriff des Modellorganismus in der biologischen und medizinischen Forschung«, in: *Modelle des Denkens*, Berlin-Brandenburgische Akademie der Wissenschaften, Debatte, Heft 2, Berlin 2005, S. 69-74, hier S. 73.

29 Brian O'Doherty, *In der weißen Zelle*, a.a.O., S. 70.

30 Siehe S. 12 in der Einleitung.

31 Astrit Schmidt-Burkhardt, *Stammbäume der Kunst. Zur Genealogie der Avantgarde*, Berlin 2005.

32 Peter J. Bowler, *The Eclipse of Darwinism*, Baltimore 1992, S. 131f und S. 174f.

33 Irene Gammel, *Die Dada Baroness. Das wilde Leben der Elsa von Freytag-Loringhoven*, Berlin 2003, S. 124.

34 www.metmuseum.org/collection/the-collection-online/search/261000

35 Barnett Newman, *Schriften und Interviews 1925-1970*, hg. von John P. O'Neill, Bern und Berlin 1996, S. 371.

36 Astrit Schmidt-Burkhardt, *Stammbäume der Kunst*, a.a.O, S. 284f; Robert Storr, »Diogenes of the Funny Pages«, a.a.O.

37 Clement Greenberg, »Avantgarde und Kitsch«, in: Ders., *Die Essenz der Moderne. Ausgewählte Essays und Kritiken*, hg. von Karlheinz Lüdeking, Dresden 1997, S. 29-55, hier S. 46.

38 Zur These, dass der amerikanische Geheimdienst die Abtrakten Expressionisten gefördert habe, vgl. Frances Stonor Saunders, *Wer die Zeche zahlt ... Der CIA und die Kultur im Kalten Krieg*, Berlin 2001.

39 *Georg Baselitz – Werke von 1968 bis 2012*, Ausst.-Kat., Klosterneuburg 2013, S. 121.

40 »Ich wollte meine eigenen Hierarchien«, Birgit Maria Sturm im Gespräch mit Michael Werner, *Politik & Kultur*, Nr. 03/11, 2011, S. 3.

41 Angela Lampe und Clément Chéroux (Hg.), *Edvard Munch. Der moderne Blick*, Ausst.-Kat., Frankfurt a. M. 2012.

42 Martin Buttig, »Begegnung mit Baselitz«, in: *Georg Baselitz*, hg. Galerie Werner & Katz, Ausst.-Kat., Berlin 1963, S. 1-4.

43 Jack Bankowsky und Hubertus Gaßner (Hg.), *Pop Life, Warhol, Haring, Koons, Hirst...*, Ausst.-Kat., Köln 2010, S. 19-38, S. 24.

44 Ebd.

45 Jordan Mejias, »Gemachte Karrieren. Neue Kunst in der Neuen Welt«, *Frankfurter Allgemeine Zeitung*, 5. Januar 1987, S. 17.

46 Alan G. Artner, »Market Valued. What Jeff Koons' Work Says About The Art World Today«, *Chicago Tribune*, 31. Juli 1988. Übersetzung J.V.

47 I. Michael Danoff, »Jeff Koons«, in: *Jeff Koons*, Ausst.-Kat., Chicago 1988, S. 4-23.

48 Deborah Sontag, »At 94, She's the Hot New Thing in Painting«, *New York Times*, 19. Dezember 2009.

49 Julia Voss, »Das Lachen der Carmen Herrera«, *Frankfurter Allgemeine Zeitung*, 27. Januar 2010.

50 Josh Greenfeld, »Sort of the Svengali of Pop«, in: *New York Times Magazine*, 8. Mai 1966, S. 45. Zitiert nach Noah Horowitz, *Art of the Deal*, a.a.O., Epigraph und S. 208. Übersetzung J.V.

51 Cynthia Saltzman, *Old Masters, New World. America's Raid on Europe's Great Pictures*, New York 2008, S. 200f.

52 Michael Gross, *Rogues' Gallery: The Secret Story of the Lust, Lies, Greed, and Betrayals That Made the Metropolitan Museum of Art*, New York 2009, S. 246.

53 René Gimpel, »Art as Commodity, Art as Economic Power«, in: *Third Text*, 51, Sommer 2000, S. 51. Übersetzung J.V.

54 Ebd. Übersetzung J.V.

55 Clement Greenberg, »Avantgarde und Kitsch«, a.a.O., S. 37.

56 Siehe S. 41.

57 Walter Grasskamp, »Das Phantom der Medien – Worüber wir reden, wenn wir über Pop reden«, in: Stephan Diederich und Luise Pilz (Hg.), *Ludwig Goes Pop*, Ausst.-Kat., Köln 2014, S. 127-158, hier S. 155.

58 Julia Voss, »Am Ende der Schlachten«, *Frankfurter Allgemeine Zeitung*, 22. Mai 2013.

59 Vgl. etwa Bénédicte Savoy (Hg.), *Tempel der Kunst. Die Geburt des öffentlichen Museums in Deutschland. 1701-1815*, Mainz 2006; Charlotte Klonk, *Spaces of Experience: Art Gallery Interiors from 1800 – 2000,* New Haven, CT und London 2009.

60 Eine erste Einordnung leistet Dagmar Bosse, Michael Glasmeier und Agnes Prus, (Hg.), *Der Ausstellungskatalog. Beiträge zur Geschichte und Theorie*, Köln 2004.

61 Heinrich Wölfflin, »Über Galeriekataloge«, in: Ders., *Kleine Schriften (1886-1933)*, hg. von Joseph Gantner, Basel 1946, S. 153-159, hier S. 154.

62 Astrid Bähr, *Repräsentieren, Bewahren, Belehren: Galeriewerke (1660-1800)*, Hildesheim u. a. 2009.

63 Harrison C. White und Cynthia A. White, *Canvases and Careers*, a.a.O., S. 124f.

64 Siehe S. 47.

65 Felix Krämer (Hg.), *Emil Nolde. Retrospektive*, Ausst.-Kat., München 2014.

66 Christian Demand, *Die Invasion der Barbaren. Warum ist Kultur eigentlich immer bedroht?*, Berlin 2014, S. 203.

67 Werner Hofmann und Christos Joachimides (Hg.), *Georg Baselitz, Bilder 1965-1987*, Ausst.-Kat., Hamburg 1988, S. 7f.

68 »Kunst ist Nicht-Kunst. Ein Gespräch zwischen Jeff Koons und Isabelle Graw«, in: Matthias Ulrich, Vinzenz Brinkmann, Joachim Pissarro, Max Hollein (Hg.), *Jeff Koons, The Painter & The Sculptor*, Ausst.-Kat., 2 Bde., Ostfildern 2012, hier Bd. 1, S. 70.

69 Zitiert nach Gerhard Kolberg, »Die Animation der Kunstfigur. Von Automaten, Androiden und Cyborgs«, in: Bodo von Dewitz und Werner Nekes (Hg.), *Ich sehe was, was du nicht siehst! Sehmaschinen und Bildwelten. Die Sammlung Werner Nekes*, Ausst.-Kat., Steidl, Göttingen 2002, S. 209-222, hier S. 216.

70 Birgit Schneider, »Blumenweberei für Esel. Musterwebstühle und Androiden im 18. Jahrhundert«, in: *Kultur & Technik*, Heft 3, 2007, S. 28.

71 Pierre-Michel Menger, *Kunst und Brot. Die Metamorphosen des Arbeitnehmers*, Konstanz 2006.

72 Isabelle Graw, *Der große Preis. Kunst zwischen Markt und Celebrity Kultur*, Köln 2008, S. 41.

73 Wolfang Ullrich, »Denn Bedeutung schlummert überall«, in: *Die Zeit*, 03/2013, 18. Januar 2013.

74 Christie's (Hg.), *Post-War and Contemporary Art Evening Sale*, 12. November 2013, New York, NY, S. 76 und 420.

75 Robin Pogrebin und Kevin Flynn, »As Art Values Rise, So Do Concerns About Market's Oversight«, *New York Times*, 27. Januar 2013. Übersetzung J.V.

76 Rose-Maria Gropp, »Geld Macht Kunst. Am Kunstmarkt herrschen neue Spielregeln. Denn die Superreichen gefallen sich in einem narzisstischem Dauerrausch, egal, was es kostet«, *Frankfurter Allgemeine Zeitung*, Magazin, 17. Juni 2014, S. M76.

77 Olav Velthuis, *Talking Prices. Symbolic Meanings of Prices on the Market for Contemporary Art*, Princeton, MA 2005.

78 Die Gewinnbeteiligung des Garantiegebers wird vom Preis abgezogen, auch dann, wenn er selbst Käufer ist.

79 Eric Konigsberg, »The Trials of Art Superdealer Larry Gagosian«, *New York Magazine*, 28. Januar 2013.

80 Jordan Mejias, »Krach der Giganten. Gagosian gegen Perelman: Über den Wert von Kunst«, *Frankfurter Allgemeine Zeitung*, 16. Februar 2013, S. 37. Die Auseinandersetzung war zum Termin der Drucklegung dieses Buches noch nicht abgeschlossen.

81 Patrick Bahners, »Da hört die Freundschaft auf. Ronald Perelman wirft Larry Gagosian Preismanipulationen vor«, *Frankfurter Allgemeine Zeitung*, Kunstmarkt, 6. Dezember 2014, Seite 17.

82 »Jeder in diesem System ist gierig.«, Interview von Sebastian Frenzel mit Stefan Simchowitz, *Monopol*, Juli 2014, S. 75-79, hier S. 78.

83 Michael Hutter, »Ausgewogene Anlagen. Zur Spekulation im Bildkunstmarkt«, *Texte zur Kunst*, Heft Nr. 93, März 2014, S. 81-97.

84 Ulf Wuggenig, »Sammler/innen und Sammler. Die Vergoldung der Nabelschnur«, in: Heike Munder und Ulf Wuggenig (Hg.), *Das Kunstfeld. Eine Studie über Akteure und Institutionen der zeitgenössischen Kunst am Beispiel von Zürich, Wien, Hamburg und Paris*, Zürich 2012, S. 251-274, hier S. 269.

85 Andrea Fraser, »There is no place like home«, in: Elisabeth Sussmann und Jay Sanders (Hg.), *Whitney Biennal 2012*, Ausst.-Kat., New Haven, CT 2012, S. 28-33, hier S. 28. Übersetzung J.V.

86 Zitiert nach Heike Munder und Ulf Wuggenig (Hg.), *Das Kunstfeld.*, a.a.O., S. 269.

87 Scott Reyburn, »Hot New Artists, Getting Hotter«, *New York Times*, 11. April 2014.

88 Niklas Maak und Julia Voss, »Große Kunst«, *Frankfurter Allgemeine Zeitung*, 27. August 2014, S. 9.

89 Anita Albus, *Die Kunst der Künste. Erinnerungen an die Malerei*, Frankfurt a. M. 2005, S. 71.

90 Michael Baxandall, *Die Wirklichkeit der Bilder. Malerei und Erfahrung im Italien des 15. Jahrhunderts*, Frankfurt a. M. 1977, S. 13f.

91 Olav Velthuis, *Talking Prices. Symbolic Meanings of Prices on the Market for Contemporary Art*, Princeton NJ 2005.

92 »Die Klotz-Tapes«, hg. von Oliver Elser, *Arch+*, Vol. 47, 2014, S. 50-241.

93 Heinrich Klotz, *Weitergegeben. Erinnerungen*, Köln 1999, S. 89. Vgl. Oliver Elser, »Die Klotz-Tapes«, *Arch+*, Vol. 47, 2014, S. 53.

94 Ebd., S. 55.

95 Ebd., S. 59.

96 Ebd., S. 61.

97 Ebd., S. 135.

98 Ebd., S. 134.

99 Kazys Varnelis, *The Spectacle of the Innocent Eye. Vision, Cynical Reason, and The Discipline of Architecture in Postwar America*, Ph. D. Thesis, Ithaca NY 1994, S. 212.

100 Oliver Elser, »Die Klotz-Tapes«, a.a.O., S. 93.

101 Rem Koolhaas und Madelon Vriesendorp / OMA, »Welfare Palace Hotel, New York (nicht realisiert) «. Perspektivische Ansicht, 1975. Gouache, 76,5 x 107,6 cm, DAM 186-005-001. Erw. v. Rem Koolhaas, Re. 10. 7. 1980, 6.850 DM.

102 Georg Baselitz, »Flasche«, 1978. Tusche, Kohle auf Aquarellpapier, 61 x 43,3 cm, DAM 019-001-001. Erw. v. Galerie Meyer-Ellinger, Re. 8. 2. 1985, 6.500 DM.

103 Markus Lüpertz: »Architektur«, 1975. Bleistift, Buntstift auf Zeichenpapier, 42 x 55,5 cm, DAM 146-002-001. Erw. v. Galerie Meyer-Ellinger, Re. 28. 11. 1984, 4.000 DM.

104 Oliver Elser, »Die Klotz-Tapes«, a.a.O., S. 140. Ben Willikens, »Abendmahl«, 1976–1979. Triptychon, Acryl auf Leinwand. 300 x 600 cm (je Tafel 300 x 200 cm), DAM 279-001-010. Erw. v. Tilly Haderek, Re: 10. 5. 1981, 38.000 DM; Re: 2. 2. 1982, 38.000 DM; Re. 5. 11. 1982, 38.000 DM (insgesamt 114.000 DM).

105 Ebd., S. 55. Magistratsbeschlüsse Nr. 3170, 1545, 2032 von 1980, 1981, 1982.

106 Ebd., S. 145.

107 Ebd., S. 155.

108 Ebd., S. 83.

109 Ebd., S. 105.

110 Heinrich Klotz, *Weitergegeben*, a.a.O., S. 91-92. Vgl. Oliver Elser und Peter Cachola Schmal, *Das Architekturmodell*, a.a.O., S. 133.

111 Ebd., S. 47 und Heinrich Klotz, »The Founding of the German Architecture Museum«, in: *AD – Architectural Design* 55, H. 3/4, 1985, S. 5-7, hier: S. 5. Siehe auch Anke te Heesen: »I felt like Vasari. Heinrich Klotz und das Interview«, S. 8-13.

112 Charles Hind, »Scholars and Decorators. A personal view of the architectural drawing market, past and present«, in: *icam print*, Heft 2, 2007, S. 20-29, hier: S. 22 f.

113 Kazys Varnelis, *The Spectacle of the Innocent Eye*, a.a.O., S. 201.

114 Ebd., S. 208.

115 Charles Hind, »Scholars and Decorators«, a.a.O., S. 23.

116 Alda Louise Huxtable, »Architecture View; Shows with a personal vision«, *The New York Times* vom 11. Januar 1981.

117 Oliver Elser, »Die Klotz-Tapes«, a.a.O., S. 87.

118 Ebd., S. 149.

119 Ebd., S. 73.

120 Der Essay von 1975 blieb unpubliziert. Ob Klotz eine Kopie davon erhielt, ist nicht bekannt. Vierzehn Jahre später erschien der Aufsatz als: Denise Scott Brown, »Room at the Top? Sexism and the Star System in Architecture«, in: Ellen Perry Berkeley und Matilda McQuaid (Hg.), *Architecture. A Place for Women*, Washington D.C. 1989, S. 237-246.

121 archrecord.construction.com/news/2013/07/130711-Harvard-Design-Denise-Scott-Brown-Petition-Pritzker-Jury.asp

122 Denise Scott Brown, »Room at the Top? «, a.a.O., S. 238.

123 Tom Wolfe, *Mit dem Bauhaus leben*, Hamburg 2001, S. 84 f.

124 Oliver Elser, »Die Klotz-Tapes«, a.a.O., S. 93.

125 Stephan Diederich und Luise Pilz (Hg.), *Ludwig Goes Pop*, Ausst.-Kat., Köln 2013.

126 Oliver Elser, »Die Klotz-Tapes«, S. 149.

127 Ebd., S. 148. Klotz notiert wenig später: »Offenbar hat man geglaubt, daß ich bei meinem letzten Besuch ein allzu gutes Geschäft gemacht hätte. Bedenkt man, daß ich für eine große Zeichnung nur 1.000 DM bezahlt habe, so ist das in der Tat eine geringe Summe. Max Protetch wird 5.000 bis 15.000 Dollar verlangen«, ebd., S. 159.

128 www.youtube.com/watch?v=qw5FIP0d_JA

129 Charles Darwin, »Über die Entstehung der Arten durch natürliche Zuchtwahl oder die Erhaltung der begünstigten Rassen im Kampfe um's Dasein«, in: Ders.: *Gesammelte Werke*, 2. Band, Stuttgart 1876, S. 510.

130 Don Thompson, *The $12 Million Stuffed Shark: The Curious Economics of Contemporary Art*, London 2008.

131 »Das Mysterium weiß man nie«, Interview von Petra Kipphoff und Hans-Joachim Müller mit Jan Hoet, *Die Zeit*, 17. Januar 1992.

132 *Der Spiegel*, Heft 24, 1992.

133 Veit Loers, »Made for Arolsen«, in: *Made for Arolsen*, Ausst.-Kat., Bad Arolsen 1992, S. 13.

134 In einem anderen Zusammenhang erhob die Staatsanwaltschaft Essen gegen Helge Achenbach im Oktober 2014 Anklage. Ihm wird, zusammen mit einem früheren Geschäftspartner Betrug und Untreue in besonders schwerem Fall vorgeworfen, Achenbach zudem auch Urkundenfälschung. Zum Zeitpunkt der Drucklegung dieses Buches war dieser Prozess noch nicht abgeschlossen.

135 Robert Fleck, *Das Kunstsystem im 21. Jahrhundert. Museen, Künstler, Sammler, Galerien*, Wien 2013, S. 37.

136 Swantje Karich, »Was ist eigentlich Victor Pinchuk für einer?«, *Frankfurter Allgemeine Zeitung*, Feuilleton, 19. Februar 2014, Seite 33.

137 Zitiert nach Robert Fleck, *Das Kunstsystem*, a.a.O., S. 36

138 Almuth Spiegler und Barbara Petsch, »Wir wussten, es geht zu Ende«, *Die Presse*, Feuilleton, 1. Juli 2010, Seite 23.

139 Zitiert nach Robert Fleck, *Das Kunstsystem*, a.a.O., S. 77.

140 Anna-Carola Krausse, *Lotte Laserstein. Leben und Werk*, Berlin 2006.

141 Julia Voss, »Die Verdrängung von 1938 in der Kunstgeschichtsschreibung bis heute«, in: Eva Atlan, Raphael Gross und Julia Voss, (Hg.), *1938: Kunst, Künstler, Politik*, Ausst.-Kat., Frankfurt a. M. 2013, S. 317-335.

142 Anna-Carola Krausse, *Lotte Laserstein (1898-1993). Meine einzige Wirklichkeit*, hg. vom Verein Das Verborgene Museum, Ausst.-Kat., Berlin 2003.

143 monopol-magazin.de/blogs/kenny-schachter-fact-fiction/2013358/It-s-a-Mad--Mad--Mad--Mad-Art-World--A-Mea-Culpa.html

144 Peter A. Kropotkin, *Gegenseitige Hilfe in der Tier- und Menschenwelt*, mit einem Nachwort hg. von Henning Ritter, Frankfurt a. M. 1976.

145 Andreas Rossmann, »5 Fragen, Rheingold in Not, Eugen Viehof über die Folgen der Achenbach-Affäre«, *Frankfurter Allgemeine Zeitung*, Feuilleton, 23. August 2014, Seite 11.

146 Franz-Josef Sladeczek und Sandra Sykora, *After Collecting – Leitfaden für den Kunstnachlass*, Zürich 2013, S. 302f.

147 Daniel Birnbaum und Isabelle Graw, *Canvases and Careers Today. Criticism and Its Markets*, Berlin und New York 2008, S. 10.

148 Vgl. S. 47.

149 Andreas Rossmann, »Aufbruch und Neugierde von damals. Die Pop-Art hat ihre Heimat in Aachen und Köln: Warum die beiden Bilder von Andy Warhol zur Kunstgeschichte des Rheinlands gehören«, *Frankfurter Allgemeine Zeitung*, Feuilleton, 12. November 2014, S. 11. Zitiert nach: »Herr Zwirner, hören Sie genau, was ich Ihnen sage! Der Kunsthändler Rudolf Zwirner im Gespräch mit Regina Wyrwoll über seine Zusammenarbeit mit Peter und Irene Ludwig«, in: Stephan Diederich und Luise Pilz (Hg.), *Ludwig Goes Pop*, a.a.O., S. 87-114.

150 Anders verhielten sich die Ludwigs im Fall ihrer Sammlung mittelalterlicher Handschriften: Diese verkauften sie 1983 an das Getty Museum in Malibu für mehr als 100 Millionen Mark; zuvor waren sie wissenschaftlich im Kölner Schnütgen-Museum aufgearbeitet worden. Ebd., S. 99.

151 Walter Grasskamp, »Das Phantom der Medien – Worüber wir reden, wenn wir über Pop reden«. Ebd., S. 149.

152 Ebd., S. 22.

153 Harrison C. White und Cynthia A. White, *Canvases and Careers*. a.a.O., S. 151.

154 Ross King, *Zum Frühstück ins Freie. Manet, Monet und die Ursprünge der modernen Malerei*, München 2006, S. 80f.

155 Cynthia Saltzman, *Old Masters, New World*, a.a.O., S. 131f.

156 Harrison C. White und Cynthia A. White, *Canvases and Careers*, a.a.O., S. 125.

157 Ebd., S. 123.

158 Ebd., S. 126.

159 In diesem Sinne wurde Werner Spies kritisiert, der Bilder des Kunstfälschers Wolfgang Beltracchi begutachtete. Julia Voss und Niklas Maak, »Als ich mich fand in einem dunklen Walde«, *Frankfurter Allgemeine Zeitung*, Feuilleton, 18. Juni 2011, S. 33.

160 James Elkins, *What Happened to Art Criticism?*, a.a.O., S. 12.

161 Peter Geimer, »Sprachlos«, in: Julia Voss und Michael Stolleis (Hg.), *Fachsprachen und Normalsprache*, Valerio 14, Göttingen 2012, S. 115-123.

162 www.fondationbeyeler.ch/sites/default/files/fondation_beyeler/ausstellung/richter/saalheft_d_richter.pdf

163 »Wird die moderne Kunst ›gemanagt‹?«, in: *Baden-Badener Kunstgespräche*, Nr. 1, Baden-Baden und Krefeld 1959, S. 13f.

164 Zur Diskussion um die Frage, wie rentabel Kunst als Geldanlage ist, vgl. Noah Horowitz, *Art of the Deal*, a.a.O., S. 180f.

165 Andrea Fraser, »There is no place like home«, in: Elisabeth Sussman und Jay Sanders (Hg.), *Whitney Biennial 2012*, Ausst.-Kat., New Haven 2012, S. 28-33, hier S. 29.

166 Anke te Heesen, *Theorien des Museums*, a.a.O., S. 9.

167 Robert Fleck, *Das Kunstsystem*, a.a.O., S. 36.

168 Jan von Brevern, »Ganz große Kunst. Michael Frieds Lob der Fotografie«, in: *Merkur*, Heft 10, Oktober 2014, S. 920-927, hier S. 925.

169 Wie unbarmherzig auch historische Positionen, die nicht auf dem Markt verfügbar sind, aus der Kunstgeschichte aussortiert werden, lässt sich an der Rezeption des Werks von Charlotte Salomon (1917-1943) oder Hilma af Klint (1862-1944) studieren.